DEN REICHTUM DES LEBENS ENTDECKEN

BEGLEITEN – BERATEN – HEILEN

Herausgegeben von
Andreas Hess, Wunibald Müller und Lorenz Wachinger

Die Praktische Theologie ist herausgefordert, ihren Kontakt zur modernen Psychotherapie einzusetzen: In der Pastoralpsychologie verbinden sich christlicher Glaube und psychologische Erfahrung. Der Impuls Jesu verpflichtet uns, seine frohe und heilende Botschaft heute so zu verkünden, daß sie die Sorgen und Nöte der Menschen aufgreift und zu lindern versucht. Inhaltlich und äußerlich bunter und erweitert setzt „Begleiten – Beraten – Heilen" die erfolgreiche Reihe „Heilende Seelsorge" fort. Sie vermittelt psychologisches Wissen, Praxisreflexionen und konkrete Hilfe für die Seelsorgsarbeit und die persönliche Lebensgestaltung. Sie macht Mut zu heilendem Reden und Handeln und spricht alle an, die sich in pastoralen und caritativen Arbeitsfeldern engagieren und die psychologischen Erkenntnisse und Erfahrungen für ihre Arbeit und für ihr persönliches (Glaubens-)Leben nutzen möchten.

ANSELM GRÜN

Den Reichtum des Lebens entdecken

Biblische Bilder einer heilenden Seelsorge

MATTHIAS-GRÜNEWALD-VERLAG · MAINZ

Der Matthias-Grünewald-Verlag ist Mitglied
der Verlagsgruppe engagement

4. Auflage 1999 (bis 2. Aufl. u.d.T.: Bilder von Seelsorge)

Umschlag: Kirsch & Buckel Grafik-Design GmbH, Wiesbaden
Foto: Anneliese Hück, Hochheim
Satz: Kösel, Kempten
Druck und Bindung: Weihert-Druck, Darmstadt

ISBN 3-7867-2064-9

INHALT

EINLEITUNG

Die Heilige Schrift beschreibt uns in vielen Bildern das Geheimnis unserer Erlösung. Es sind Bilder von unserem Leben, Bilder unserer Wunden und Nöte, Bilder des Heils und Bilder von Gottes Liebe zu uns Menschen. Diese Bilder könnten wir aber auch als Bilder von Seelsorge verstehen. Seelsorge meint dabei das Gesamt des pastoralen Dienstes, also die Feier der Sakramente, die Predigt, das seelsorgliche Gespräch und überhaupt den Umgang mit den Menschen, die Gott suchen. Seelsorge ist nicht zuerst irgendein Tun, sondern eine Art zu leben und zu glauben. Es werden in diesem Buch keine Methoden von Seelsorge beschrieben und keine konkreten Seelsorgsbereiche erörtert. Es geht vielmehr um die Grundvoraussetzung von Seelsorge. Was sind das für Menschen, die uns zum Gespräch aufsuchen oder die in unsere Gottesdienste kommen? Was ist ihre Situation, was ist ihr Geheimnis? Und wie können wir ihnen begegnen, wie sie ansprechen oder anrühren?

Die Idee zu diesem Buch kam mir, als ich einen Priester in Einzelexerzitien begleitete. Er hatte sich gerade ein paar Monate Zeit genommen, seine Theologie aufzufrischen, bevor er sein Amt als Regionaldekan antrat. Und er machte sich Gedanken, was Seelsorge heute meine, wie wir herauskommen aus dem bloßen Betrieb, aus dem Organisieren und Verwalten, wie die geistliche Dimension von Seelsorge möglich sei. Ich gab ihm zur Meditation jeweils Texte aus der Bibel. Und er sollte sie gerade unter dem Aspekt betrachten, daß sie Bilder von Seelsorge seien. Der Austausch über seinen Umgang mit den Texten regte mich an, selber weiter in der Bibel nach Bildern zu suchen, die das beschreiben, was Seelsorge eigentlich meint. Es ist nur eine kleine Auswahl von biblischen Bildern. Ich habe die gewählt, die mich unmittelbar angesprochen haben. Man könnte die ganze Bibel als Bild von Seelsorge sehen und von ihr her eine Theologie der Seelsorge entwerfen. Doch die Bilder mögen genügen, um den Leser und die Leserin anzuregen, die Bibel selber unter diesem Aspekt zu lesen und zu meditieren.

I. DIE AUFGABE DER SEELSORGE

1. Von Bildern leben

Die Bilder der Bibel wollen uns keine konkreten Handlungsanweisungen geben und schon gar keine moralischen Appelle erteilen, was wir genau zu tun hätten. Bilder sind auch keine Ideale, wie Seelsorge sein sollte. Sie wollen keine utopische Lösung aufzeigen. Utopien und Ideale erzeugen oft ein schlechtes Gewissen. Man steigert sich in ideale Betrachtungen hinein, aber zugleich spürt man das Auseinanderklaffen des konkreten Lebens mit den idealen Forderungen. Bilder wollen vielmehr ein Fenster öffnen, damit neues Licht in alle Vollzüge unseres Lebens hineinströmt. Wenn wir die Bilder der Bibel bei unseren Gesprächen oder bei unseren gottesdienstlichen Feiern im Hinterkopf haben, dann eröffnen sie uns ganz neue Möglichkeiten des Sprechens und Feierns. Bilder bringen uns in Berührung mit den Möglichkeiten, die in uns bereit liegen, die aber oft genug verschüttet sind. Unser Leben ist vielfach reduziert auf die paar Fähigkeiten, die wir zur Bewältigung unseres Alltags benötigen. Aber der ganze Reichtum menschlichen Miteinanders liegt oft brach. Bilder wollen diesen Reichtum ins Bewußtsein rufen. Sie tun es nicht als Forderung, sondern indem sie uns einladen, auf dem Hintergrund des Bildes Neues zu wagen.
Rolf Zerfaß, der Würzburger Pastoraltheologe, schreibt in seinem Artikel über das Bild des Seelsorgers als verwundeter Arzt: „Bildung bedarf der Bilder. Besser als lange Qualifikationskataloge vermögen sie unserem Handeln im Alltag Orientierung zu geben" (Zerfaß, 107). In diesem Sinn sollen biblische Heilungs- und Begegnungsgeschichten, Gleichnisse und Gespräche mit Jesus als Bilder unseres seelsorglichen Handelns gesehen werden. Dabei ist klar,

daß seelsorgliches Handeln und christliches Handeln weitgehend identisch sind. „Seelsorgliches Handeln, was immer es ist, ist nicht mehr als christliches Handeln, sondern steht im Dienste christlichen Handelns" (Zerfaß, 85). Die biblischen Texte gelten daher allen Menschen. Sie beschreiben das Heil, das Gott uns in Jesus Christus geschenkt hat. Aber es ist durchaus auch legitim, diese bewußt auf die Seelsorge hin auszulegen, sie als Bilder von Seelsorge zu verstehen.

Bilder wollen nicht in erster Linie ein neues Verhalten, sondern sie geben unserem Tun eine neue Tiefe, sie eröffnen neue Dimensionen unseres Tuns. Bilder deuten unser Tun und geben ihm so eine Bedeutung, die auch für andere verständlich wird. Ohne Bilder wird unser Tun leer und sinnlos. Erst Bilder eröffnen die eigentliche Bedeutung unseres Tuns. Und erst Bilder lassen in unserem Tun etwas vom Geheimnis unseres Lebens und letztlich vom Geheimnis Gottes aufleuchten. Das bloß äußere Tun etwa in einer Eucharistiefeier wirkt leer, wenn es nicht vom Bild des Heiligen Mahles oder vom Bild von Tod und Auferstehung Jesu her durchdrungen ist. Die Riten bei der Taufe, das Übergießen mit Wasser und das Salben mit Öl, sind in sich ganz einfach. Ihre tiefe Bedeutung erhalten sie erst von den Bildern, wie sie uns die Bibel für diese Riten überliefert hat, vom Durchzug durch das Rote Meer, von der Salbung der Könige und von der Heilung durch Salbung mit Öl. Was für die Riten gilt, gilt aber auch für unser menschliches Miteinander. Ein Gespräch mit einem Menschen bekommt eine andere Dimension, wenn wir es auf dem Hintergrund einer biblischen Heilungs- oder Begegnungsgeschichte führen. Dann ist es nicht bloßes Sprechen, sondern im Gespräch wird etwas vom Geheimnis Gottes in unserem Miteinander sichtbar.

Wenn wir in unsere Gesellschaft schauen, so haben die Gruppen einen Einfluß, die mit Bildern arbeiten. Das gilt in erster Linie von der Politik. Wenn die Politik nur fleißiges Tagesgeschäft ist, geht von ihr nichts aus. Die Politik braucht nicht nur Fleiß und Sachlichkeit, sondern Phantasie und Visionen, Bilder, die etwas aufbrechen und Neues einbrechen lassen. Das Geheimnis großer Politiker ist, daß sie in Bildern denken. Das gilt etwa von den Reden eines Franz Josef Strauß, der seine Wirkung durch die vielen originellen Bilder erzielte. Das gilt von beeindruckenden Gesten, etwa dem Kniefall Willi Brandts in Warschau. Daß man Bilder braucht, haben auch die Unternehmen verstanden. Es genügt heute nicht mehr, nur mit Gewinnmaximierung zu arbeiten. Um erfolgreich zu sein und um gute Mitarbeiter anzuziehen, braucht es heute eine sog. „Unternehmenskultur", zu der philosophische und theologische Gedanken gehören, aber gerade auch Bilder, nicht nur Bilder, mit denen man sich vermarktet, sondern Bilder nach innen, Bilder, die die Aufgabe und Bedeutung des Unternehmens für die Mitarbeiter plausibel machen.

Der Mensch lebt von Bildern. Ohne Bilder nehmen wir gar nicht wahr, was unser Leben ausmacht. Erst Bilder erschließen uns den Reichtum unseres Daseins. Das fängt bei den Traumbildern an. Wie wir unsern Alltag erleben, das hängt oft von den unbewußten Bildern ab, die im Traum in uns hochsteigen. Oft fragen wir uns in gewissen Situationen: Habe ich das nicht schon einmal gesehen, habe ich das nicht geträumt? Traumbilder nehmen unser Leben oft vorweg und lassen uns bestimmte Situationen erst ganz bewußt und wach erleben. Bilder „eröffnen neue Dimensionen der Wirklichkeit, die sonst verschlossen sind, und zwar sowohl Dimensionen unseres eigenen Seins, unserer Seele, als auch Dimensionen der außer uns liegenden objektiven Realität" (Lengsfeld, 214f). Bilder zeigen uns die wahre Bedeutung des Erlebten, sie führen in die Tiefendimension. Ohne Bilder bleiben wir oft an der Oberfläche hängen. Wir handeln, aber wir gestalten nicht. Wir arbeiten, aber es entsteht nichts. Wir reden, aber es bleibt nichts haften. Bilder geben unserm Handeln, Arbeiten und Reden erst die Tiefe. Sie lassen in allem etwas von der wahren Bedeutung aufblitzen und letztlich von Gott selbst. Im Bild leuchtet immer das Ganze auf, leuchtet immer

Gott als das letzte Geheimnis auf. Was Erhart Kästner von den Bildern der Ikonen schreibt, das gilt auch für die Bilder von Seelsorge, die wir in der Bibel finden: „Wahrheit will wohnen. Und sie kann nicht anders wohnen als im Bild, im Wort, im Gedicht. Auch sie muß Fleisch werden. Erst dann ist sie der Erde verbunden, erst dann hat sie Schicksal, leidet, freut sich, wird in ihren großen Augenblicken verklärt; erst dann kann sie wachsen und blühen" (Kästner, 104 f). „Bilder sind Fenster... In den Bildern liegt der Anruf aller Dinge von oben. Am Bild, am Gleichnis hängt alles mit goldenen Strahlenketten zusammen. Die Metapher, das ist die Liebe unter den Dingen, durchs Bildnis ist alles vereint" (Kästner, 105). Die Bilder – so meint Kästner – verändern die Dinge dieser Welt, sie lassen sie durchlässig werden für Gott. Die biblischen Bilder von Seelsorge lassen uns unsere Begegnungen und Gespräche in einem neuen Licht erleben. Bilder haben eine verwandelnde Kraft. Die Begegnung ist nicht mehr bloßer Kontakt, das Gespräch nicht mehr bloß eine Aufeinanderfolge von Worten. Durch die Bilder der Seelsorge geht uns erst auf, was in der Begegnung wirklich geschehen mag. Bilder verwandeln alles, was wir erleben. So sagt Kästner: „Wenn Ernte ein Mal für Erfüllung dastand und Heilung ein Mal für Heil, wenn die Dinge dieser Welt es denn wirklich aushielten, die Metaphern des Heils zu ertragen und nicht zu zerspringen dabei –: so kann das nicht ohne Folge, so kann das nicht bedeutungslos sein. Durchs Gleichnis muß eine sakramentale Erhöhung auf die gerufenen Dinge ausgehen, auf Weinstock und Rebe, reifende Felder, Hochzeit, Brot, Eckstein, Groschen und Knecht: eine Verwandlung, die in der Verwandlung von Brot und Wein wohl ihren höchsten, aber nicht einsamen Ausdruck besitzt" (Kästner, 107). Wenn wir die Bilder von Seelsorge immer wieder meditieren, dann werden sie unseren Gottesdiensten, unseren Gesprächen, unseren Festen eine andere Qualität geben. Dann wird etwas von Gott selber durchscheinen, vom Geheimnis seiner Herrlichkeit, von Heil und Erlösung, von Gottes Güte und Menschen-

freundlichkeit. Unser Tun wird Gott selber gegenwärtig setzen. Es wird sakramentales Tun, nicht nur in den sieben Sakramenten, sondern in all unserem seelsorglichen Handeln.
Bilder schließen nicht nur auf, sondern sie bewirken auch etwas. Das hat C.G. Jung in seiner Lehre von den Archetypen gezeigt. Archetypische Bilder setzen im Menschen einen Prozeß in Gang. Wenn der Mensch durch äußere Bilder in Berührung kommt mit den in seinem Unbewußten bereitliegenden Archetypen, dann wird in ihm etwas ganz und heil, dann kommt der Prozeß der Individuation, der Selbstwerdung in Bewegung. Die biblischen Geschichten, die wir in diesem Buch als Bilder von Seelsorge beschreiben, haben als Urbilder etwas von der Wirkung an sich, die C.G. Jung den Archetypen zuschreibt. Sie sind nicht in erster Linie Vorbilder, die wir nachahmen müßten, sondern Urbilder, die sich in uns einbilden und die das in uns hervorlocken, was Gott uns an Möglichkeiten geschenkt hat. Wenn wir uns auf die biblischen Bilder einlassen, dann bewirken sie etwas in uns und verändern unser Sein und Verhalten, ohne daß wir uns konkrete Vorsätze machen müßten. Sie wirken über das Unbewußte. Sie verändern die Voraussetzungen für unser Handeln. Ohne daß wir es merken, prägen sie unser Denken, Reden und Tun. Sie geben uns eine neue Ausstrahlung. Denn sie lassen das Geheimnis Gottes selbst durchschimmern. Die Wirkung unseres seelsorglichen Tuns wird in erster Linie von dieser Ausstrahlung bestimmt, nicht von den richtigen und falschen Methoden. Eine meiner Nichten – erst elf Jahre alt – meinte im Gespräch spontan: „Den Religionslehrer mag ich nicht. Der hat keine Ausstrahlung." Offensichtlich hat sie ein Gespür davon, was von einem Menschen ausgeht. Ausstrahlung kann man nicht einfach durch Techniken oder Methoden erzeugen, sie geschieht, wenn unser ganzes Sein durchlässig wird für das Geheimnis Gottes. Bilder sind ein Weg, uns durchlässig zu machen für Gottes Geist. Wenn wir sie lange genug meditieren, wird von uns eine Ausstrahlung ausgehen, die an der Ausstrahlung Jesu selber teilhat. Von

Jesus ging etwas aus, daß Menschen in seiner Nähe den Mut fanden, ja zu ihrem Leben zu sagen, daß Gebeugte sich aufrichteten, daß Kranke gesund wurden, und Verschlossene sich öffneten.
Eine Theologie, die in Bildern denkt, verrennt sich nicht in unnötige Streitereien um Worte und Begriffe. Eine bildhafte Theologie ist immer noch die offenste und aktuellste. Denn Bilder veralten nie. Sprache kann sich sehr schnell überleben. Die Sprache theologischer Bücher aus den sechziger Jahren kommt uns heute schon fremd vor. Bilder nutzen sich nicht so leicht ab. Denn Bilder sind immer ein Tor zum Geheimnis. Im Bild leuchtet immer die ganze Wahrheit auf. Ein Schleier lüftet sich und das Sein selbst wird sichtbar. Jedes Bild hat einen andern Schlüssel zu dieser Wahrheit und läßt einen andern Aspekt der Wahrheit erscheinen, aber es ist immer die ganze Wahrheit. Wenn ich tief genug in ein Bild hineinschaue, stoße ich immer auf Gott als den letzten Grund. Und die vielen Bilder lassen etwas vom Reichtum des unendlichen Gottes erahnen. Die Theologie der frühen Kirche dachte noch in Bildern. Und sie ist daher immer noch modern. Bilder legen nicht fest, sondern schließen auf. Irdisches wird zum Bild für Himmlisches. Das gilt aber nicht nur für unsere Gottesbegegnung, sondern auch für die Begegnung mit Menschen. Auch da könnten Bilder uns den Reichtum des Miteinanders aufschließen. Sie könnten uns den Blick öffnen für das Geheimnis menschlicher Begegnung, daß wir da im anderen Menschen immer auch dem Geheimnis Gottes selbst begegnen. Bilder wollen uns sensibel machen für das Geheimnis einer anderen Person. Methoden sind in Gefahr, zu verzwecken. Die Methoden der Seelsorge sind zwar entwickelt worden, um dem heutigen Menschen gerecht zu werden. Aber zu leicht werden die Methoden zum Selbstzweck. Und dann übersehen sie den Menschen. Bilder übersehen nie, sie sehen hindurch auf den Grund, sie sehen im Sichtbaren das Unsichtbare.
In diesem Sinn wollen wir biblische Bilder betrachten, die das seelsorgliche Tun erst in seiner wahren Bedeutung erkennen lassen.

Sie wollen unserem Tun eine neue Tiefe geben, sie wollen in unserem Tun etwas von Gottes Seelsorge an uns aufleuchten lassen. Sie spüren der Tiefendimension von Seelsorge nach, um zu verhindern, daß sie zum Betrieb verkommt. Aktivitäten werden in der Seelsorge zur Zeit genügend gestartet, aber das eigentliche Geheimnis leuchtet kaum auf, die heilende und ganzmachende Wirkung von Seelsorge wird kaum erfahren und die tiefste Sehnsucht des Menschen wird nicht angesprochen. Doch darin besteht gerade Seelsorge, daß wir den Menschen in seiner Sehnsucht anrühren.

2. Die Sehnsucht ansprechen

„Blickt umher und seht, daß die Felder weiß sind, reif zur Ernte. Ich habe euch gesandt, zu ernten, wofür ihr nicht gearbeitet habt; andere haben gearbeitet, und ihr erntet die Frucht ihrer Arbeit" (Joh 4,35.38)

Gott hat in den Menschen schon gesät, bevor wir mit unserer Seelsorge beginnen. Seelsorge heißt nicht, daß wir in den Menschen den Glauben und das Heil erarbeiten müssen, daß wir sie zu etwas hin erziehen sollen, daß wir sie von etwas zu überzeugen hätten. Seelsorge heißt vielmehr, daran zu glauben, daß Gott in den Menschen seinen Samen gesät hat. Wir brauchen nur zu ernten, was Gott vor uns ausgesät hat. Der Samen, den Gott in die Menschen hineingelegt hat, ist nach dem hl. Augustinus die Sehnsucht. In jedem Menschen steckt eine tiefe Sehnsucht nach Gott, nach Geborgenheit, nach Liebe, nach wahrer Heimat, nach Echtheit und Freiheit. Für den hl. Augustinus ist die Sehnsucht ein Grundexistential des Menschen. Nicht die Sorge, die für Heidegger das grundlegende Existential des Menschen darstellt, sondern die Sehnsucht prägt die menschliche Seele. Gott selber hat dem Menschen

die Sehnsucht nach ewiger Gemeinschaft mit ihm ins Herz gelegt. Jeder Mensch sehnt sich – so Augustinus – in seinem Herzen nach Gott, nach Ruhe, nach Liebe, nach Gemeinschaft mit dem Schöpfer. „Unreflex, unbewußt ist die Sehnsucht nach Gott bereits immer das innerste Wesen des Menschen. Er ist erfüllt von unbändigem Verlangen, unstillbarem Hunger nach seinem Schöpfer und Erlöser, selbst dann, wenn dieses Verlangen auf andere Ziele gelenkt und somit irregeleitet wird. Ja selbst in der völligen Abwendung von Gott, in der unglücklichen Zerstreuung des Menschen in die Unrast dieser Welt pocht in ihm die Sehnsucht nach dem, der allein genügt. Selbst in der tiefsten Gottferne ruft eine innere Stimme uns heraus aus dem Elend und hin auf den Weg zu Gott. Das also ist die fundamentale menschliche Berufung: sich dieser inneren Sehnsucht zu stellen, sich ihrer bewußt zu werden, sich von ihr lenken und leiten zu lassen, sich also aufzurichten auf das letzte Ziel menschlicher Existenz: auf Gott selbst" (Rosenberger, 40). Und die letzte Aufgabe der Seelsorge ist, den Menschen an die tief in seinem Herzen wurzelnde Sehnsucht zu erinnern und sie wieder wach zu rufen.
Die Sehnsucht nach Gott zeigt sich auch im Streben des Menschen nach Reichtum, nach Anerkennung, nach Erfolg, nach Liebe eines Menschen. Wir brauchen das menschliche Leben nur in seinen Grundvollzügen zu Ende zu denken, dann werden wir überall auf eine tiefe Sehnsucht nach Gott stoßen. Wir können uns etwa fragen, warum einer mit solcher Leidenschaft Reichtum zu erwerben trachtet. Ist es wirklich nur das viele Geld oder das Gefühl, dann etwas wert zu sein? Im Grunde sehnt sich der Mensch darin nach mehr, nach Ruhe, nach Sicherheit, nach Wert, nach Sinn. Im Streben nach Reichtum strebt er also letztlich unbewußt nach etwas, das nur Gott zu erfüllen vermag. Seelsorge heißt nun nicht, daß ich ihm den Reichtum vorwerfe und ihm beweisen will, daß er ein schlechter Mensch sei, daß er alles Geld den Armen geben solle und erst dann ein Christ sein könne. Jesus kann natürlich auch sehr radikal den

Reichtum in Frage stellen. Und es kann die Rettung eines Menschen sein, den äußeren Besitz dahinzugeben, damit er Zutritt zum Reichtum seiner Seele bekomme. Aber der Weg der Sehnsucht geht über das Zu-Ende-Denken des Strebens nach Reichtum. Wenn ich alle Anstrengungen nach mehr Geld zu Ende denke, dann stoße ich letztlich auf eine religiöse Sehnsucht. Denn noch mehr Geld stillt die Sehnsucht des Menschen ja nicht, er will noch mehr und noch mehr und er weiß doch genau, daß es das Geld eigentlich doch nicht sein kann, was er wirklich sucht. Es ist Gott, es ist der Schatz im Acker, die kostbare Perle, um deretwillen der Kaufmann alles verkauft, um sie zu besitzen. Seelsorge will den Menschen helfen, ihre Sehnsucht zu Ende zu denken und sie so letztlich auf Gott hinzulenken.

Diese Art von Seelsorge kommt in der chassidischen Geschichte zum Ausdruck, in der sich Leute beim Rabbi über junge Männer beschweren, die die ganze Nacht mit Kartenspielen zubringen und keine Zeit haben, um die Thora zu studieren oder um zu beten. Der Rabbi fällt jedoch nicht in das Schimpfen über die verdorbene Jugend ein, sondern gibt ihnen zur Antwort: Es ist doch wunderbar, wenn sie mit solcher Leidenschaft Karten spielen. Sie brauchen die Leidenschaft nur noch umzudrehen, welche Gottesanbeter werden sie dann sein! Alles, was der Mensch mit Leidenschaft tut, tut er letztlich, um nach dem Eigentlichen zu suchen, nach einer Perle, die ihn fasziniert, nach Liebe und Geborgenheit, nach Lebendigkeit, nach Gott. Seelsorge würde darin bestehen, erst einmal diese Sehnsucht im Menschen zu entdecken und sie dann anzusprechen. Das verlangt, daß ich mich in eine andere Person hineinspüre, daß ich Phantasie entwickle und mich immer wieder frage: Wonach sehnt sich der andere denn wirklich? Wonach sehnt sich der, der seine Ehe bricht und von anderen Frauen fasziniert ist? Wonach sehnt sich der, der leidenschaftlich für seine Partei, für seinen Sportverein, für seine Bewegung kämpft?

In seinem Gleichnis vom ungerechten Verwalter (Lk 16,1–8) hat

Jesus diese Art von Seelsorge im Blick. Da verurteilt er den ungerechten Verwalter nicht, der mit solcher Raffinesse und Leidenschaft für seine eigene Sicherheit sorgt, sondern er lobt seine Klugheit. Klugheit heißt für Jesus, seine Leidenschaften zu Ende zu denken, bis sie uns zu Gott führen, der allein sie zu beruhigen vermag. Wer seine Leidenschaft nur abschneidet, um ohne Fehler dazustehen, dem fehlt für seine Frömmigkeit eine wichtige Kraftquelle. Die Leidenschaft muß umgewandelt werden, die Sehnsucht, die darin steckt, zugelassen und auf Gott gerichtet werden. Dann haben „die Kinder des Lichtes“ verstanden, was das Geheimnis ihres Lebens ist, dann haben sie die Kraft, die in der Leidenschaft steckt, aufgenommen und in ihr geistliches Leben integriert.
Ich war einmal zu Besuch in einem Jugendgefängnis. Wir spielten mit unserer Klostermannschaft Handball gegen eine Auswahl der Gefangenen. Nachher kamen wir ins Gespräch. Einer erzählte mir, Bayern München würde heute nachmittag gegen Hamburg spielen. Wenn sie gewännen, dann würde er schreien und tanzen und sich auf dem Boden wälzen. Ich spürte, wie seine ganze Lebendigkeit, wie sein ganzer Wert davon abhing, ob seine Fußballmannschaft gewinnt oder nicht. Doch anstatt mich über ihn innerlich lustig zu machen, versuchte ich mich hineinzuspüren: Wie muß es in einem aussehen, der den Sieg seiner Mannschaft braucht, um den eigenen Wert zu erleben, um sich glücklich zu fühlen? Dieser junge Mann sehnte sich danach, wertvoll zu sein, er wollte spüren, daß er stark ist, daß er siegen kann, er wollte endlich ein Mensch sein, der etwas gilt, der nicht ständig auf der Seite der Verlierer ist, ein Mensch, der in seinem ganzen Leben gewinnt anstatt sein Verlierer-Skript zu erfüllen. Es ist letztlich eine religiöse Sehnsucht, die ihn umtreibt, die ihn dazu bringt, mit solcher Leidenschaft an seinem Verein zu hängen. Es geht nicht an, ihn zu verurteilen, wir sollten uns vielmehr in ihn hineinfühlen, seiner Sehnsucht nachspüren und dann seine Sehnsucht ansprechen. Oft erlebe ich mich da hilflos. Aber ich weiß genau, daß das der Weg wäre. Ich versuche daher,

erst einmal die Sehnsucht nachzuempfinden und mich dann zu fragen, wie ich sie ansprechen kann. Die Sehnsucht ins Wort zu heben erzeugt im andern kein schlechtes Gewissen, sondern das nimmt den andern ernst und führt ihn weiter, so daß sein Herz weit wird, so daß er spürt: ja das tut mir gut. Das ist es, was ich eigentlich suche. Wenn es mir gelingt, die Sehnsucht eines Mitmenschen anzusprechen, dann fühlt er sich verstanden und ernst genommen. Er fühlt sich nicht von außen überzeugt, sondern von innen her verstanden. Es ist wie ein Aha-Erlebnis. Ihm geht das Geheimnis des eigenen Suchens und Sehnens auf. Und er stimmt innerlich zu. Natürlich ist es nicht immer leicht, den andern dort zu berühren, wo er sich sehnt. Vielleicht will er seine Sehnsucht nicht spüren und schon gar nicht zu Ende denken, vielleicht will er die Leidenschaft gar nicht umdrehen, sondern weiterhin die ganze Nacht Karten spielen. Vielleicht braucht er noch einige Zeit des Austobens, um am Ende dann selber zu spüren, daß seine Sehnsucht weiter geht. Erst dann ist der Zeitpunkt gekommen, da er seine Leidenschaft auf Gott richten kann. Da brauche ich viel Geduld, und ich muß darauf vertrauen, daß er im letzten auf Gott stößt, wenn er seine Leidenschaft zu Ende fühlt und lebt.

II. BILDER VON SEELSORGE

1. Heilungsgeschichten

Die schönsten Bilder von Seelsorge zeichnen uns die Heilungsgeschichten des Neuen Testamentes (vgl. Drewermann, 1988). Da zeigen uns die Evangelisten, wie Jesus Seelsorge verstanden hat, wie er Menschen begegnet und sie im Innersten angesprochen hat. Und die Heilungsgeschichten schildern uns die Menschen, die zu uns kommen. Denn es sind keine andern, die zu Jesus kommen und die in unsere Gottesdienste und in unsere Sprechzimmer gehen. Zwei Fragen beschäftigen mich beim Lesen der Heilungsgeschichten: Was sind das für Menschen, was ist ihre Situation, was ist ihre Krankheit? Und was geschieht in der Begegnung mit Jesus, wie versteht Jesus seine Seelsorge, wie geht er mit den Menschen um und was bewirkt er in ihnen? Natürlich wären die Heilungsgeschichten in erster Linie daraufhin zu befragen, wo ich selber krank bin und wie ich in der Begegnung mit Jesus geheilt werden kann. Wir sollten uns zuerst in die Person des Kranken versetzen und uns dann in die Begegnung mit Jesus hineinstellen. Aber wir dürfen die Geschichten auch von Jesus her sehen. Dann ist Jesus ein Bild für unsere Seelsorge. Seelsorge ist nach den Heilungsgeschichten immer therapeutische Seelsorge, die den Auftrag Jesu ernst nimmt: „Heilt Kranke, weckt Tote auf, macht Aussätzige rein, treibt Dämonen aus!" (Mt 10,8). Ich möchte exemplarisch nur ein paar Heilungsgeschichten herausgreifen, um in ihnen ein Bild von Seelsorge zu entdecken.

a. Unterscheidung der Geister (Mk 1,23–28)

Das Markusevangelium beginnt die Heilungswunder Jesu mit der Austreibung des unreinen Geistes, von dem der Mann in der Synagoge zu Nazaret besessen war. In der Nähe Jesu können sich die Ungeister des Menschen nicht verstecken, da müssen sie aus ihrem Versteck heraus. An Jesus scheiden sich die Geister. Was unrein ist und was vor Gott nicht bestehen kann, das wird offenbar. Und Jesus verkündet seine Lehre mit Vollmacht. Die Menschen spüren, daß er nicht nur daherredet, sondern daß seine Worte eine Wirkung haben. Sie wirken im Menschen Heil, sie befreien ihn von unreinen Geistern und schaffen in ihm Klarheit. Seelsorge scheidet im Menschen die Geister. Sie deckt nicht mit frommen Worten falsche Ideen und gefährliche Gedanken zu, sondern deckt sie auf. Und Seelsorge redet nicht nur von angelernten Dingen, sondern sie will in ihren Worten den Menschen in seinem Herzen anrühren, in ihm etwas bewirken, in ihm etwas klären.

Die Menschen, die zu uns in die Seelsorge kommen, sind oft genug von Dämonen besessen, die sie nicht frei denken und fühlen lassen. Aber die Dämonen sind nicht irgendwelche Wesen, die sie zwicken und schlagen, sondern es sind die traumatischen Erlebnisse und die Erinnerungen an die Erfahrungen der Kindheit, die sie festhalten und die ihr Denken und Fühlen trüben. Auch wenn der Mensch möchte, kann er nicht vertrauen, weil sich ihm als Kind ein tiefes Mißtrauen eingegraben hat. Oft verstecken sich die Ungeister hinter frommen Worten. Die Dämonen in der Synagoge von Kafarnaum haben ja auch Jesus als den Heiligen Gottes erkannt. Solche frommen Ungeister gönnen dem Menschen nichts, sie zwingen ihn dazu, alles zu opfern, sein Ich, seinen Wert, seine Individualität, seine Bedürfnisse. Viele meinen, damit Gott einen Gefallen zu erweisen. In Wirklichkeit werden sie von einem Götzen dazu getrieben, ihr Leben zu zerstören. Sie meinen, Gott würde von ihnen das Opfer verlangen. Und sie merken gar nicht, wie sie falschen Geistern folgen. Seelsorge würde heißen, die Geister zu unterscheiden. Wo ist wirklich die Selbstlosigkeit, die Jesus von uns verlangt, und wo ist religiöser Masochismus, wo ist feige Flucht vor dem Leben, vor dem Konflikt, vor dem Kampf? Der Seelsorger kann nicht den Therapeuten ersetzen, der die Konflikte der Kindheit aufarbeiten hilft. Aber er kann trotzdem dazu beitragen, die Geister zu unterscheiden, die krank machen oder gesund, die zerstören oder aufbauen, die von Gott kommen oder von den Dämonen. Und da gehört dann auch die Entscheidung dazu, ob ich mir zutraue, genügend klar die Geister anzusprechen, oder ob ich in aller Demut an einen Therapeuten weiterverweisen soll. Denn allzu leicht möchten Menschen ihren wahren Problemen aus dem Weg gehen, indem sie zum Seelsorger gehen anstatt zum Therapeuten. Natürlich haben wir als Seelsorger eine wichtige Aufgabe. Viele Konflikte, die sonst in der Therapie behandelt werden, sind durchaus auch im seelsorglichen Gespräch zu bearbeiten und können geistlich geheilt werden. Aber es besteht auch die Gefahr, daß manche Ratsuchende beim Priester einen leichteren und billigeren Weg gehen möchten und sich davor scheuen, sich der Wahrheit ihres Lebens zu stellen. Jesus stellt immer in die Wahrheit. An ihm scheiden sich die Geister. Diese Klarheit täte auch unserer Seelsorge gut.

b. Hitzige Gemüter kühlen (Mk 1,29–31)

Unmittelbar nach der Heilung des Besessenen in der Synagoge kommt Jesus in das Haus des Petrus und heilt die Schwiegermutter des Petrus vom Fieber. Fieber ist immer ein Zeichen einer Infektion. Der Körper wehrt sich gegen den eingedrungenen Feind und versucht ihn durch Fieber unschädlich zu machen. Oft aber wird der Mensch durch Fieber aufgerieben. Es schwächt und bereitet heftige Schmerzen. Jesus faßt die Schwiegermutter an der Hand und

richtet sie auf. Seine Hand befreit sie vom Fieber. Wenn er seine Hand auflegt, dann haben die Feinde im Menschen keine Macht mehr. Dann wird im Menschen alles miteinander versöhnt, dann entsteht wieder Friede zwischen den sich bekämpfenden Seiten, der innere Konflikt wird beruhigt.
Als Bild von Seelsorge zeigt uns diese kleine Szene, daß zu uns häufig Menschen kommen, die hin- und hergeschüttelt sind von feindlichen Kräften, die in sie eingedrungen sind, die keine Kraft mehr haben, sich dagegen zu wehren. Sie finden keinen Weg aus dem inneren Konflikt. Sie fühlen sich zerrissen, entzweit. Der Widerstreit der Wünsche und Bedürfnisse, der Widerstreit der Gedanken, die sich gegenseitig bekämpfen, erzeugt in ihnen Reibungshitze. Solche Menschen kommen nun in die Gottesdienste und zum Gespräch, um eine Hand zu suchen, die sich auf sie legt, damit in ihnen wieder Friede werde, daß sie über die inneren Feinde siegen und wieder kraftvoll ihr Leben gestalten können, wieder für das sorgen können, was der Alltag von ihnen verlangt. Sie suchen eine Atmosphäre, in der sich die innere Glut wieder abkühlen kann, in der die Erfahrung des Angenommenwerdens allen inneren Widerstreit überwiegt und beruhigt.

c. Annahme des Unannehmbaren (Mk 1,40–45)

Wie zur Zeit Jesu, so sind es auch heute Aussätzige, die zu uns in die Seelsorge kommen. Die Aussätzigen zur Zeit Jesu waren Menschen, die wegen ihrer Krankheit aus der menschlichen Gemeinschaft ausgeschlossen wurden und deshalb nur am Rand leben konnten. Menschen, die von der Gesellschaft geächtet und an den Rand gedrängt werden, gibt es auch heute zur Genüge. Die Option für die Armen, wie sie die Theologie der Befreiung versteht, meint, daß wir uns gerade diesen Menschen zuzuwenden haben. Der Aussatz hat jedoch nicht nur eine medizinische und soziologische

Seite, sondern kann auch eine psychische Struktur bezeichnen. Aussätzige sind dann Menschen, die sich selber nicht ausstehen können, die sich selber nicht annehmen und dann meinen, daß auch andere sie nicht so akzeptieren, wie sie sind. Sie leben in einem Teufelskreis der Nichtannahme. Sie fühlen sich als unannehmbar und können daher nicht glauben, daß andere sie annehmen können. So isolieren sie sich von ihnen, sie schließen sich selber aus ihrer Gemeinschaft aus. Und sie handeln unbewußt so, daß sie in ihrer negativen Haltung bestätigt werden. Sie rufen unbewußt Ablehnung hervor. Doch selbst wenn andere versuchen, sie zu bejahen, entwerten sie diese Versuche, indem sie dem andern falsche Motive unterstellen. Der ist ja nur freundlich zu mir, weil er mein Geld will oder weil er Priester ist und zu allen freundlich sein muß. Aber er meint nicht wirklich mich.

Solche Menschen erwarten in unseren Gottesdiensten, daß sie endlich einer annimmt. Aber wenn man ihnen dann nur predigt, daß sie Sünder sind und was sie alles falsch machen, dann gelingt es ihnen noch weniger, ja zu sich zu sagen. Sie werden sich noch mehr entwerten und ablehnen. Solche Menschen kommen zu uns zum Gespräch. Und sie machen es uns nicht leicht, ihren Teufelskreis der Ablehnung zu durchbrechen. Denn unsere Beteuerungen, daß sie doch wertvoll seien und daß wir sie so nehmen, wie sie sind, werden sie nicht glauben. Sie werden an unserem Tun falsche Motive entdecken. Sie werden sagen, daß wir so ja reden müßten, weil wir halt Seelsorger sind. Und sie werden es uns schwer machen, ihr abweisendes Verhalten durch Nähe und Liebe zu überwinden.

Jesus heilt den Aussätzigen, weil er Mitleid mit ihm hat, weil er ihn bei sich eintreten läßt, weil er ihm seine eigenen verwundbaren Gefühle zeigt und sich da für ihn öffnet. Dann streckt Jesus die Hand aus und berührt ihn. Er läßt sich also vom Aussätzigen nicht sein Verhalten vorschreiben. Der Aussätzige, der von der menschlichen Gemeinschaft ausgestoßen wird, hat zusätzlich unter dieser

Stigmatisierung zu leiden. Doch Jesus berührt ihn, er nimmt Kontakt mit ihm auf, hautnahen Kontakt. Berühren heißt, ihm zeigen, daß er gut ist. Wir berühren nur, was wir für kostbar und wertvoll halten, wir berühren, womit wir Verbindung haben wollen, was wir gern haben und was wir lieben. Erst nachdem Jesus ihn berührt und ihm spürbar seine Annahme gezeigt hat, drückt er auch mit Worten aus, daß er ihn mag. Die zärtliche Berührung läßt den Aussätzigen jetzt auch den Worten Jesu trauen. Ohne Berührung würde der andere genügend Gründe finden, daß unsere Worte nicht stimmen. Die Berührung ist ehrlicher, sie kann man nicht so leicht entwerten. So sagt Jesus: „Ich will es – werde rein!" Und im gleichen Augenblick verschwand der Aussatz und der Mann war rein. Von Jesus ging offensichtlich eine solch positive Ausstrahlung aus, daß die negative Ausstrahlung des Aussätzigen überwunden wurde. Der Mann, der sich selbst für unannehmbar hielt, kann sich auf einmal annehmen. Er wird rein, er wird eins mit sich und kann sich selber lieben.

Wenn wir diese Heilungsgeschichte als Bild von Seelsorge betrachten, dann würde Seelsorge darin bestehen, sich erst einmal in die Gefühle des andern hineinzuspüren. Wie muß es in seinem Herzen aussehen, daß er sich so ablehnen und ausschließen muß! Wieviel Unrat muß in seiner Seele sein, daß er sich für unrein hält? Wie hohe Ideale hat er in sich, daß er im Vergleich zu ihnen so schlecht abschneidet und sich als Verlierer fühlen muß? Und dann würde Seelsorge heißen, der anderen Person Mut zu sich selbst zu vermitteln, ihr erfahrbar zu machen, daß sie liebenswert ist und daß man sie gern hat. Wenn ich auf dem Hintergrund dieser Geschichte Eucharistie feiere, so müßte alles im Gottesdienst den Menschen das Gefühl geben, daß sie von Gott und von uns Feiernden angenommen sind, daß sie sein dürfen, wie sie sind und daß sie jetzt diesem Jesus Christus begegnen, der sie berührt und heilt, und daß sie auch von uns berührt werden, umarmt, ans Herz gedrückt. Auch aus den vorgegebenen Worten der Eucharistie müßten sie herausspüren, daß es um ihr Angenommensein geht, daß sie eintreten dürfen in den Bereich Gottes, daß sie nicht ausgeschlossen sind von Gott und von unserer Gemeinschaft, sondern hineingenommen in die Liebe Gottes und der Menschen. Eucharistie ist ja ein heiliges Spiel, wo die Heilungsgeschichte im Ritual nachgespielt wird. Wenn der Aussätzige, der sich für unannehmbar hält, zur Kommunion geht, dann geht er auf Jesus zu. Und Jesus hält ihm mit seinem Leib seine liebende Hand hin, die ihn berührt, und er hält ihm sein fleischgewordenes Wort hin: Ich will – sei rein! Kommunion ist nicht nur Mahl, sondern personale Begegnung mit Jesus Christus, Begegnung mit dem, der auch mich zu heilen vermag, der auch mich leibhaft annimmt, wenn ich mich selber nicht annehmen kann.

d. Lahme stehen auf (Mk 2,1–12)

Gelähmt fühlen sich heute viele Menschen, sie sind blockiert, können nicht aus sich heraus, sie haben Hemmungen und sind unsicher. Sie möchten gerne ihre Hemmungen und Unsicherheiten überwinden. Und sie suchen häufig auch im Glauben eine Hilfe zu mehr Selbstvertrauen und Sicherheit. Aber Jesus vergibt zuerst die Sünden, bevor er den Gelähmten heilt. Zuerst muß die Einstellung geändert werden. Häufig sind falsche Erwartungen die Ursache unserer Unsicherheit. Weil wir perfekt sein wollen, haben wir Angst zu versagen. Weil wir mit unsern Worten Eindruck hinterlassen wollen, trauen wir uns nicht, etwas zu sagen, aus Angst, wir könnten stecken bleiben oder uns verhaspeln. Da muß erst unsere Lebenseinstellung geändert werden, oder wie die kognitive Verhaltenstherapie sagt, die Grundannahmen unseres Lebens müssen neu buchstabiert werden (vgl. Beck, 1986, 277ff). So eine Grundannahme, die uns lähmt und nicht leben läßt, heißt: Ich darf keinen Fehler machen, sonst bin ich nichts wert. Ich darf mich nicht blamieren, sonst werde ich abgelehnt. Ich darf nicht unsicher sein, sonst halten sie mich für verrückt. Das sind innere Gesetze, die uns nicht leben lassen. Die Juden sagen zu Pilatus: „Wir haben ein Gesetz, und nach diesem Gesetz muß er sterben" (Joh 19,7). Wir haben in uns oft innere Gesetze, nach denen der Christus in uns, nach denen unser Selbst sterben muß. Es sind Gesetze des Über-Ichs, die unser Selbst, den Christus in uns, nicht zur Entfaltung kommen lassen. Die Gesetze Jesu sind immer Gesetze des Lebens. Die Sündenvergebung befreit uns von den tötenden Gesetzen des Über-Ichs. Sie befreit uns von der falschen Lebenseinstellung, die sich durch die Schuld immer mehr verfestigt.

Die Heilung geschieht im Satz Jesu: „Steh auf, nimm deine Tragbahre, und geh nach Hause!" Als Jesus diese Worte zum Gelähmten sagt, wußte der noch nicht, ob er wirklich geheilt war. Er hat den Mut, einfach aufzustehen. Und er trägt nun sein Bett spazieren. Das Bett ist Zeichen seiner Krankheit, seiner Lähmung. Aber das Bett fesselt ihn nicht mehr, sondern er trägt es unter dem Arm davon. Wir würden schon gerne aufstehen, aber nur, wenn wir auch sicher wüßten, daß wir geheilt sind, daß wir keine Hemmungen mehr haben, daß wir nicht mehr zittern, nicht mehr schwitzen, daß wir sicher geworden sind. Doch Jesus verheißt uns keine äußere Sicherheit, wir sollen nur anders mit unserer Lähmung umgehen. Wir sollen uns von den Hemmungen nicht mehr vom Leben abhalten lassen, sondern sie unter den Arm nehmen und herumtragen. Wir dürfen ruhig weiter unsicher und gehemmt sein, aber wir stehen trotzdem auf und gehen umher. Das ist die wahre Heilung.

Als Bild von Seelsorge weist uns diese Geschichte auf die vielen Menschen hin, die zu uns kommen und perfekte Lösungen haben wollen. Sie wollen, daß wir ihnen einen Trick vermitteln, ihre Unsicherheit und ihr mangelndes Selbstvertrauen zu überwinden. Sie wollen die Lähmungen loswerden. Aber oft sind sie nicht bereit, ihre Grundannahmen zu ändern. Sie wollen ihr Lebenskonzept nicht in Frage stellen. Seelsorge heißt hier, sich an die Wurzel der

Schwierigkeiten herantasten, nicht gleich die Symptome behandeln, sondern die Ursachen. Und Seelsorge heißt hier, ein Lebenskonzept vermitteln, bei dem ich schwach und gehemmt und gelähmt sein darf. Bei dieser Heilungsgeschichte stoßen wir auf den kritischen Aspekt von Seelsorge. Seelsorge hat nicht unbedingt alle Wünsche der Menschen zu erfüllen, die zu uns kommen, sondern sie hat an der Wurzel zu heilen. Sie muß nach den Bedingungen von Krankheit und Unsicherheit fragen, und sie muß nach einer Lebenseinstellung suchen, die unserem Menschsein entspricht. Gleichzeitig soll sie den Menschen Mut machen, mit ihren Unsicherheiten zu leben und trotzdem immer wieder aufzustehen und ihr Bett herumzutragen.
Das Wort Jesu gilt zunächst für uns Seelsorger. Auch wir fühlen uns ja immer wieder gelähmt in unserem Tun, wenn wir nicht ankommen, wenn wir auf Widerstand stoßen, wenn wir unsicher sind, wenn wir ohne Erfolg bleiben. Dann wäre Sendung zur Seelsorge die Zusage: Steh auf, nimm dein Bett und geh! Diese Zusage will uns Mut machen, trotz aller Unsicherheiten und Ängste den Menschen, die in den Gottesdienst oder zum Seelsorgsgespräch kommen, Zuversicht und Vertrauen zu vermitteln, aus den eigenen Schwächen und Lähmungen heraus immer wieder aufzustehen und den Weg zusammen mit Jesus Christus zu wagen. Dann versprechen wir nicht vermeintliche Wunder, sondern wir ermöglichen Leben in Freiheit und Gelassenheit mitten in unseren Schwächen. Seelsorge wäre dann Ermutigung zum Aufstehen, Befreiung vom Wahn des Perfektionismus, Erlaubnis zum Schwachsein und zu einem Menschsein, das Angst und Unsicherheit zuläßt.

e. Löse, was in sich erstarrt (Mk 3,1–6)

In dieser Geschichte begegnen zwei Typen von Männern Jesus. Der eine Mann hat eine verdorrte Hand. Er kann seine Hand nicht mehr benutzen. Die Hand ist aber das Organ, mit dem der Mensch am meisten ausdrücken kann. Mit der Hand kann ich zärtlich berühren, kann ich Kontakt herstellen, sie einem andern geben als Zeichen der Freundschaft. Ich kann aber auch etwas in die Hand nehmen, es formen, gestalten, mit der Hand kann ich kreativ sein, etwas wagen, ein Risiko eingehen. Die verdorrte Hand weist darauf hin, daß da ein Mensch in seinem Menschsein reduziert ist, daß er die Hand zurückzieht, nichts wagt, kontaktscheu ist, angepaßt, brav und lahm. Jesus heilt den Mann, indem er ihn erst einmal in die Mitte ruft. Er ist wichtig, er soll sich nicht nur anpassen. Er hat eine einmalige Würde. Er soll vom Rand weg in die Mitte kommen. Dahin gehört er. Und dann befiehlt Jesus dem Mann: Streck deine Hand aus! Er soll etwas wagen, in die Hand nehmen, gestalten, etwas riskieren. Er soll wieder Lust am Leben haben. Er soll spüren, wie es ihn in den Fingern kribbelt, was da in ihm wachsen, in ihm Gestalt annehmen will.

Doch bevor Jesus den Mann heilt, wird er mit den Pharisäern konfrontiert und mit denen, die da acht geben, ob er am Sabbat heilt. Es ist eine ganze Menge von Männern, aber jeder versteckt sich hinter dem andern. Sie treten nicht einzeln auf, sondern nur als Masse. Und sie verschanzen sich hinter dem Gesetz. Es sind die schwachen Männer, die kein Rückgrat haben, die daher einen Rückgratersatz brauchen. Es sind die Männer, die keinen Vater haben. Denn der Vater ist normalerweise der, der einem das Rückgrat stärkt, der einem Vertrauen ins Leben schenkt. In der Nähe des Vaters wagen die Kinder mehr, da springen sie weiter und höher, da haben sie keine Angst. Wenn einer diese positive Vatererfahrung nicht macht, braucht er einen Vaterersatz und das ist die Ideologie. Die Pharisäer verstecken sich hinter der Ideologie des Gesetzes und der Norm. Jesus sieht jeden einzeln an, voll Zorn und Trauer. Das ist eine eigenartige Kombination. Im Zorn kämpft Jesus gegen die Phalanx, er grenzt sich von den Gesetzestreuen ab, er leistet Widerstand und tut das, was er für recht hält. Im Zorn wendet er sich gegen diese Männer. In der Trauer aber läßt er sie in sein Herz eintreten. Da fühlt er sich in sie hinein, was wohl hinter der Fassade der Gesetzlichkeit für Elend und Not stecken möge. In der Trauer hat er Mitleid mit diesen Menschen, da spürt er, wie kaputt diese Männer sein müssen, wie dunkel es in ihrem Herzen sein muß, wie chaotisch, so daß sie das Chaos nur durch starre Gesetzlichkeit in Zaum halten können. Obwohl Jesus mit ihnen Mitleid hat, vermag er sie nicht zu heilen. Im Gegenteil, sie beschließen seinen Tod.

Seelsorge heißt im Bild dieser Geschichte, den Menschen wieder Lust am Leben schenken, ihnen Mut machen zu Phantasie und Kreativität, zu Berührung und Zärtlichkeit. Seelsorge heißt, wie ein Vater Vertrauen ins Leben vermitteln, einen Raum eröffnen, in dem der Mensch sich selber wagen darf. Zu uns kommen genügend angepaßte und brave Menschen, die sich aber gelähmt und verdorrt fühlen, von denen nichts mehr ausgeht. Seelsorge heißt nicht, ihre Gesetzlichkeit noch zu verstärken, ihren Hang zur Vollkommenheit noch zu stützen, sondern ihnen Lust am Leben geben, Freude am Wagnis, Freude am Formen und Gestalten, Freude an ihrem Sosein. Und Seelsorge heißt, gegen alle Gesetzlichkeit einen Raum der Freiheit schaffen. Seelsorge kann es nicht allen recht machen. Wer sich hinter der Mauer der Gesetze versteckt, der wird von ihr nicht erreicht, ja er wird sie bekämpfen. Wir müssen die Grenze unserer Seelsorge erfahren, die Mauern, an denen sie erfolglos abprallt.

Diese Geschichte gibt keine konkrete Handlungsanweisung, wie wir den Menschen Lust am Leben vermitteln können. Aber wenn wir dieses Bild der ausgestreckten Hand vor Augen haben, dann wird von uns etwas Belebendes und Befreiendes ausgehen, es wird uns dann schon einfallen, wie wir Menschen Mut schenken können, ihre Hand auszustrecken. Von uns wird eine Atmosphäre ausgehen, in der Verdorrte und Lahme es wagen, aus sich herauszugehen, andern die Hand hinzuhalten, etwas selbst in die Hand zu nehmen und zu formen. Und von uns wird eine Atmosphäre der Freiheit und des Wagnisses ausgehen. Da wird um uns herum Phantasie blühen, vor Fruchtbarkeit und Lust am Leben sprudeln. Die Geschichte hat nicht unbedingt konkrete Anweisungen für unsere Gesprächstechnik. Aber wenn wir mit ihr im Hintergrund ins Gespräch treten, werden wir unbewußt Lebendigkeit und Vertrauen ausstrahlen. Und wenn wir mit dieser Geschichte Eucharistie feiern, dann werden die Menschen unseren Gottesdienst so erleben, daß sie mit neuer Lust am Leben nach Hause gehen, daß es ihnen in den Händen kribbelt und sie mit Phantasie etwas in sich und um sich herum wachsen lassen. Dann wird der Leib Christi, den sie in der Kommunion in ihre Hand nehmen, ihre Hand verwandeln in eine Hand, die zärtlich berührt, die kraftvoll gestaltet, die etwas anpackt, die kreativ ist und mit Phantasie etwas wachsen läßt.

f. Heile du, wo Krankheit quält (Mk 5,1–20)

Auch zu uns werden Menschen kommen, die hin und hergezerrt werden von irgendwelchen Geistern und Kräften, die beherrscht werden von wirren Gedanken und abstrusen Ideen, die sich so fremd unter Menschen fühlen, daß sie sich in die Grabhöhlen zurückgezogen haben. Ihr Leben ist tot und starr geworden, kalt und zerrissen. Es gleicht den Grabhöhlen, die voll sind von Totengebein. Solche Menschen richten ihre Aggressionen gegen sich selbst. Sie isolieren sich und wollen doch gehört werden. Sie schreien in der Nacht. Es gibt genügend Menschen, die sich von den andern trennen und doch hinter vorgehaltender Hand danach Ausschau halten, ob wohl jemand ihre Not entdeckt und auf sie zukommt. Vielleicht finden sie dann selbst den Mut, zu uns zu kommen. Aber dann werden sie hin- und hergerissen von ihren Gefühlen. Auf der einen Seite wollen sie geheilt werden, auf der

andern regt sich in ihnen ein Widerstand. Denn sie haben etwas von ihrer Krankheit. Die Psychologie spricht von sekundärem Krankheitsgewinn. Krankheit bringt manch einen Vorteil. Sie schützt davor, sich dem Leben mit seinen Kämpfen zu stellen. Zu mir kam einmal ein Vater mit seiner Tochter, die nach Meinung der ganzen Familie vom Teufel besessen war. Beim Gespräch wurde deutlich, daß das Mädchen nicht vom Teufel besessen war, sondern daß es bei den strengen Eltern keine andere Wahl hatte, von Zeit zu Zeit ihr Bravsein zu durchbrechen und unflätige „teuflische" Worte den Eltern an den Kopf zu werfen. Denen blieb nichts anderes übrig, als mit ihr die verschiedenen europäischen Wallfahrtsorte aufzusuchen. Ich schickte das Mädchen dann zu meinem Freund, einem Psychologen. Der rief mich an und meinte, das Mädchen wolle sich nicht lösen. Sie spüre ihre Not, aber sie wolle nicht aus dem Nest. Sie wehrte sich gegen die Heilung, denn sie hatte einen Vorteil von ihrer Besessenheit. Sie hatte ein Machtmittel über ihre Eltern und sie konnte auf diese Weise durch ganz Europa fahren, Lourdes, Fatima und Tschenstochau besuchen. Die Eltern hatten natürlich auch einen Vorteil. Sie waren immer unfehlbar und gut. Alle Schuld und Schlechtigkeit lag auf seiten der Tochter. Solche Menschen kommen immer wieder zu uns. Sie möchten geheilt werden, aber sie möchten ihr Leben nicht ändern und den sekundären Gewinn der Krankheit nicht aufgeben.
Jesus heilt den Besessenen, indem er an seinen Personkern glaubt und daran festhält. Er läßt sich von dem chaotischen Äußeren und von der Zerrissenheit im Verhalten nicht beeindrucken. Er fragt den Mann, wie er heiße. Und weil Jesus an seine Person glaubt, fahren die Wirrgeister aus dem Besessenen aus. In der Eucharistie geschieht diese personale Begegnung von Menschen, die hin und her gezerrt sind, die ihre Mitte verloren haben, die zerrissen und chaotisch sind, besessen von fixen Ideen und voll von ungeordneten Aggressionen, mit Jesus Christus. Wenn der Priester dem, der wie der Besessene auf ihn zuläuft und die Hand hinstreckt, die Hostie in

die Hand legt, dann ist das die fleischgewordene Frage: Wer bist du, wie heißt du? Und Jesus selbst gibt mit seinem Leib die Antwort: Mein Leib für Dich. Das ist deine eigentliche Wahrheit. Du bist so wichtig, daß ich mich in deine Hand lege.
Seelsorge heißt hier also, an den Menschen glauben, durch das äußere Chaos und durch die Krankheit hindurch auf den Personkern schauen, der heil ist und ganz. In jedem begegnet uns Christus selbst, der freilich oft verschüttet ist unter einer Schicht dunkler Kräfte und zerstörender Aggressionen. Nicht zuerst die Analyse der Probleme heilt, sondern die Annahme des andern, der Glaube an seinen Wert, an das Heile und Ganze in ihm, an Christus in ihm. Wenn ein Mensch sich so im Grunde seines Wesens angenommen fühlt, kann er sich selbst annehmen. Aber es braucht einen Glauben, wie Jesus ihn hatte, um bei einem Menschen wie dem Besessenen von Gerasa an diesen heilen Kern zu glauben. Immer wieder berichten mir Menschen, daß sie durch ihren Glauben an Christus auf einmal neue Möglichkeiten im anderen Menschen geweckt haben. Ein Mitbruder hat bei einem Fest über einen Mann, der mürrisch und traurig dastand, das Jesusgebet still gebetet, bis der Mann sich umdrehte und auf einmal lächelte. Eine Schwester hat sich in einer Kindergruppe nur still zwischen zwei kranke und streitende Zwillinge gesetzt und für sie gebetet. Da bot der eine auf einmal an, mit ihr das Zimmer zu putzen und zu kochen. Der Glaube heilt mehr als alle Methode. Wir müssen in erster Linie nicht für die Seele des andern sorgen, sondern zuerst an sie glauben, an seine unsterbliche Seele, an seine Seele, in dessen Grund Gott selber wohnt.

g. Frieden für den, der sich verausgabt (Mk 5,21–43)

Vielen Menschen geht es wie der blutflüssigen Frau. Sie haben sich verausgabt, ihre Lebenskraft ist weggeflossen, sie haben ihr Vermögen weggegeben, nur um Zuwendung und Anerkennung, nur um Liebe und Achtung zu erkaufen. Doch ihr Zustand ist immer schlechter geworden. Sie haben bei allem Verausgaben keinen wirklichen Menschen gefunden. Um Geld kann man nicht seinen Wert erkaufen. Seelsorge heißt nach diese Geschichte, nicht Fälle behandeln, nicht Methoden anwenden, selbst wenn sie noch so gut sind, sondern wirkliche Begegnung. In der Begegnung da strömt etwas zwischen dem Seelsorger und dem, der zu ihm kommt, so wie etwas zwischen Jesus und der Frau hin und herfloß. Weil da Vertrauen, Liebe, Zuneigung strömte, konnte die Frau den Mut finden, ihre ganze Wahrheit zu sagen. Wir können die Wahrheit nicht mit Gesprächsmethoden herauslocken, sondern nur, wenn eine Atmosphäre der Liebe und des Vertrauens gewachsen ist. Und Seelsorge besteht dann in der Zusage: „Meine Tochter, dein Glaube hat dir geholfen. Geh in Frieden! Du sollst von deinem Leiden geheilt sein.“ Da ist eine wirkliche Beziehung gewachsen. Da wünscht man der anderen Person Frieden und macht ihr Hoffnung, daß ihr Leiden geheilt ist. Weil sie ihren Wert in der Begegnung erfahren hat, kann sie nicht mehr ausbluten. Bei diesem Menschen, der sie vorbehaltlos annimmt, kommt ihr Blutfluß zum Stehen, da braucht sie sich nicht weiter zu verausgaben, da ist sie angenommen und geliebt.

Bei der blutflüssigen Frau muß ich an die vielen Menschen denken, die sich für andere aufopfern und dabei unbewußt doch nur selber Bestätigung und Anerkennung erwarten. Sie geben ihr Vermögen für andere, sie spenden ihr Geld, sie geben alles her. Doch diese Selbstlosigkeit führt sie nicht in eine innere Weite und Freiheit. Sie empfinden keine Zufriedenheit, sondern fühlen sich leer und ausgebrannt. Ja, zuletzt fühlen sie sich vom Leben ausgeschlossen. Sie haben alles gegeben und nun beachtet sie keiner. Jetzt stehen sie leer da, ausgepumpt. Sie haben am Leben vorbeigelebt. Ihr Verausgaben kam nicht aus wirklicher Liebe, sondern aus dem Wunsch nach Bestätigung, aus der Sehnsucht, endlich dafür belohnt zu werden, endlich jemand zu sein. Solche Menschen kann man nicht heilen, indem man ihnen noch mehr abverlangt, noch mehr Opfer, noch mehr Einsatz für ihre Familie. Sie müssen in der Begegnung erst erfahren, daß sie so, wie sie sind, wertvoll sind. Sie müssen in der Begegnung einen Menschen berühren, so daß da etwas strömt, daß da Leben erfahrbar wird. Anstatt ihre Probleme zu behandeln, täten wir gut daran, ihnen zu begegnen, so daß sie spüren, daß wir sie mögen, daß sie einfach sein dürfen, ohne etwas vorweisen zu müssen, weder Leistungen noch Probleme. Manche fühlen sich im seelsorglichen Gespräch nur dann wertvoll, wenn sie genügend schwierige Probleme mitbringen. Wenn sie uns als Menschen begegnen, müssen sie sich mit Problemen nicht mehr interessant machen, dann reduzieren sich ihre Schwierigkeiten auf ein vernünftiges Maß.

Es geht in dieser Geschichte nicht nur um die blutflüssige Frau, die in der Begegnung mit Jesus ihren Wert spürt und als Person Achtung und Zuwendung findet, sondern auch um die Tochter des Jairus, die offensichtlich nicht leben kann im Haus des Jairus, im Haus des Synagogenvorstehers. Jesus heilt dieses Mädchen, das sich immer mehr reduziert, bis es starr und tot auf dem Bett liegt, indem er es an der Hand faßt und ihr befiehlt, aufzustehen. Er hält es nicht weiter an der Hand, sondern läßt es herumgehen, den eigenen Weg finden. Und er läßt dem Mädchen zu essen geben. Essen ist einmal ein Zeichen von Gemeinschaft. Jetzt ist sie wieder gemeinschaftsfähig. Dann aber kann das Essen auch Stärkung der Vitalität sein. Und falls man mit Drewermann hier das Phänomen der Magersucht sieht, dann ist die Sorge um das Essen die Heilung für die sich selbst zerstörende Haltung der Verweigerung.

Als Bild für Seelsorge meint diese Geschichte, daß wir die Menschen nicht durch übertriebene Fürsorge an uns binden und so nicht frei werden lassen. Seelsorge heißt, den Menschen, der sich selbst ablehnt und sich langsam zu Tode quält, an die Hand zu nehmen und ihn dann seine eigenen Schritte zu lehren. Gehen muß er selbst. Wir müssen ihn nicht zeitlebens an der Hand nehmen. Dann hielten wir ihn ja gerade in seiner Krankheit fest. In die Seelsorge kommen natürlich Menschen, die den Weg der Überbehütung bei uns suchen, die bei uns die bedingungslose Zuwendung suchen, die sie anderswo nicht finden. Das schmeichelt uns. Denn auf einmal fühlen wir uns als die einzigen, die sich noch um diesen Menschen sorgen. Aber wenn wir da nicht aufpassen, führen wir ihn nur wieder in eine neue Krankheit, in eine Abhängigkeit, die ihn erstickt. Wir müssen seine Vitalität stärken und ihn lehren, die nötigen Schritte selbst zu tun.

h. Reden und hören lernen (Mk 7,31–37)

Jesus nimmt den Taubstummen beiseite, weg von der Menge. Er läßt ihm eine Sonderbehandlung zukommen. Er läßt sich auf den Kranken ein und wendet sich ganz allein ihm zu. So entsteht eine Atmosphäre, in der der Taubstumme geheilt werden kann. Es sind fünf Schritte, in denen Jesus hier heilt. Zunächst legt er dem Taubstummen die Finger in die Ohren. Das ist eine zärtliche Geste. Wir wollen oft nicht hören, weil es um uns herum zu laut ist oder weil wir alles als feindselig, als ablehnend und kritisierend erleben. Wir machen die Ohren zu, weil wir unsere Ruhe haben wollen. Oder aber wir hören Worte, aber wir haben verlernt, den Menschen zu hören, der die Worte spricht. Wir hören die Zwischentöne nicht, wir verstehen nicht, was der andere uns eigentlich sagen möchte. Die Finger in die Ohren legen, das will dem Kranken zeigen, daß in den Worten Liebe und Zuwendung, Zärtlichkeit und Annahme an das Ohr dringen wollen. Sie wollen in den Worten auf den Menschen hinweisen, der ihn im Sprechen berühren möchte, der in sein Ohr dringen möchte, um Gemeinschaft mit ihm zu erfahren. Und die Finger wollen zeigen, daß wir in den Worten der andern ihre Sehnsucht entdecken sollen, die Sehnsucht nach Liebe und nach

Gott. Auch in den Worten, die feindselig klingen, steckt noch diese Sehnsucht, mit uns wirklich in Berührung zu kommen.
Der zweite Schritt ist das Berühren der Zunge mit Speichel. Das ist eine sehr intime Geste. Die Mutter wischt beim Kind den Schmutz mit Speichel weg. Es ist etwas Mütterliches in diesem Berühren. Jesus fordert den Stummen nicht auf, seine Zunge auszustrecken oder zu sprechen, sondern er schafft erst einen Raum der Geborgenheit, damit sich die Zunge lösen kann. Der Speichel ist ein Bild für den mütterlichen Schoß, in dem der Kranke erst heranwachsen und sprechfähig werden darf. Es muß erst eine Atmosphäre entstehen, daß die Zunge sich löst, daß der andere sich in seinen Worten öffnen und mitteilen kann. Wir kennen alle eine Atmosphäre, wo uns das Wort im Hals stecken bleibt, wo wir nichts herausbringen. Es ist eine Atmosphäre der Angst, der Enge, der Kälte. Die schnürt uns die Kehle zu. Manche Menschen haben Angst zu sprechen, weil sie sich selbst dabei preisgeben. Im Sprechen kann man sich nicht verstecken. Da verrate ich immer, wie es mir geht. Die Stimme drückt die innerste Befindlichkeit aus. Ein Sänger kann nicht singen, wenn es ihm seelisch schlecht geht. Im Sprechen spürt der Gesprächspartner unsere Unsicherheit. Ich spreche immer mich selber aus. Und davor scheuen viele zurück. Andere haben Angst, daß sie beim Sprechen stecken bleiben oder daß ihnen nicht die richtigen Worte kommen. Sie könnten sich ja blamieren. So bleiben sie stumm. Seelsorge würde heißen, eine Atmosphäre zu erzeugen, in der sich die Zungen lösen, in der Menschen den Mut finden, sich selbst auszusprechen.
Dann blickt Jesus zum Himmel auf. Er möchte gleichsam darauf hinweisen, was der tiefste Sinn allen Sprechens und Hörens ist. Das Geheimnis des Wortes besteht darin, Gott mitzuteilen, etwas vom Himmel anklingen zu lassen. Worte sind nicht bloß Informationsträger, sondern im letzten gründen sie im Wort Gottes selbst, sie haben teil am Sprechen Gottes zu uns. Und so klingt in ihnen immer etwas von ihrem letzten Ursprung mit, von Gott selbst. Worte

weisen über sich hinaus auf den Ursprung, auf das Geheimnis Gottes. Und so bestünde Seelsorge darin, so zum Menschen zu sprechen, daß darin Gott mit ausgesagt ist, und so auf die Worte des andern zu hören, daß wir darin seine Sehnsucht nach Gott mit vernehmen.

Die Gruppendynamik spricht davon, daß wir Ichbotschaften geben sollen. Wir sollen uns nicht hinter der Meinung der andern verstekken, nicht Allgemeines sagen, sondern uns selbst. Der andere soll in meinen Worten mir begegnen können, mich verstehen, mich berühren. Nur wenn es Worte sind, in denen mein Ich sichtbar wird, spreche ich darin auch Gott aus. Worte, die auf der sachlichen Ebene bleiben, künden weder von mir noch von Gott. Jesus will uns ein Sprechen lehren, hinter dem wir uns nicht verstecken, sondern in dem wir uns selbst und Gott aussprechen. Er will, daß in unsern Worten sich für die Menschen ein Himmel öffnet, daß Geborgenheit und Weite erfahrbar wird, daß sich neue Horizonte zeigen, neue Möglichkeiten ihres Lebens sich auftun.

Der vierte Schritt der Heilung ist das Seufzen. Jesus seufzt angesichts des Taubstummen. Im Seufzen öffnet er das Herz für den andern, er läßt ihn bei sich eintreten. Er behandelt ihn nicht von außen, er schafft auch nicht nur eine Atmosphäre, die dem andern gut tut, sondern er gibt ihm Zutritt zu seinem Herzen. Er fühlt mit ihm, er spürt ihn in seinem Herzen. Und im Seufzen wird er eins mit ihm und hält ihn so Gott hin. Er hat Mitleid, läßt sich von ihm verwunden und treffen.

Erst durch diese vier Schritte ist die Voraussetzung geschaffen, daß Jesus jetzt einen Befehl geben kann: Effata, öffne dich! Ich kann einem, der gehemmt ist, der stumm vor mir im Sprechzimmer sitzt, nicht befehlen, er solle doch sprechen, sonst würden wir unsere Zeit vertun. Ich muß erst so behutsam wie Jesus eine innere Verbindung und Berührung herstellen, eine Atmosphäre der Liebe und Zärtlichkeit schaffen, die dem andern die Zunge löst und die Ohren öffnet. Der Taubstumme kann jetzt hören, weil er in den Worten der Menschen nicht mehr Haß und Feindschaft, nicht mehr Ablehnung und Zurechtweisung heraushört, sondern Liebe und Freundlichkeit. Und er kann jetzt sprechen, weil ihm keine Fessel der Angst mehr die Zunge bindet. Er steht nicht mehr unter dem Anspruch, perfekt reden zu müssen, nicht mehr unter dem Druck, sich preiszugeben oder dem andern zu imponieren. Jetzt ist eine Atmosphäre des Vertrauens und der Liebe entstanden. Da löst sich seine Zunge, und er kann richtig reden, er spricht nun in seinen Worten sich selbst aus, er teilt sich mit, er läßt andere an sich heran. Die Worte stiften Gemeinschaft, sie wecken Leben, sie rufen Liebe hervor.

So beschreibt diese Heilungsgeschichte, wie ein seelsorgliches Gespräch ablaufen kann, wie Menschen bei uns den Mut finden können, zu hören und zu sprechen. Sie kommen zu uns, abseits von der Menge. Sie wollen nicht gesehen werden, aus Angst, es würde über sie geredet. Sie wollen den Schutz des Beichtgeheimnisses, sie wollen eine Atmosphäre der Vertrautheit, in der sie reden können, ohne beurteilt, ohne eingestuft zu werden. Sie sehnen sich danach, sich selbst mitzuteilen. Und sie sehnen sich nach Worten, in denen sie den andern spüren und in denen sie Gott mithören, in denen sie auf das Geheimnis ihres Lebens selber stoßen. Wenn jemand beichten will und trotzdem 10 Minuten lang nur schweigt, werde ich oft ungeduldig. Ich frage mich, warum er überhaupt gekommen ist, warum er mir die Zeit stiehlt. Manchmal komme ich dann in Versuchung, dem Betreffenden zu sagen, er müsse schon selbst reden, wenn ich ihm helfen solle. Auf dem Hintergrund dieser Geschichte könnte in mir die Geduld wachsen, behutsam mit dem andern umzugehen, ihm erst wie Jesus durch Zeichen der Aufmerksamkeit und Liebe zu ermöglichen, daß sich seine Zunge löst.

Die Heilungsgeschichte zeigt auch, wie Gottesdienst gefeiert werden müßte. In der Eucharistie berührt uns Christus selber mit seinem Fleisch und mit seinem Blut. Da berührt er mit seinem Speichel unsere Zunge, damit sie sich löse. Und er legt zärtlich seine

Finger in unsere Ohren, damit wir ihn vernehmen in den Worten der Liturgie. Was im Ritus der Eucharistie gefeiert wird, das müßte aber auch erfahrbar werden. Da müßte eine Atmosphäre der Intimität entstehen, in der Zungen sich lösen, in der wir aufeinander hören und im Miteinander Gott selber mithören und vernehmbar machen. Dazu gibt es keine Tricks. Die Heilungsgeschichte will uns nur die Augen, die Hände, die Zunge und das Herz öffnen, damit wir so Eucharistie feiern, daß die Heilung an uns möglich wird und daß die Teilnehmer aus ganzem Herzen sagen können: „Er hat alles gut gemacht; er macht, daß die Tauben hören und die Stummen sprechen" (Mk 7,37).

i. Blinden die Augen öffnen (Mk 8,22–26)

Wir sind oft genug blind und wollen die Wirklichkeit nicht sehen, wie sie ist. Vielleicht können wir sie auch nicht anschauen, weil sie uns überfordern würde. Wir wollen bei uns selber nicht so genau hinsehen. Wir weigern uns, in unser Inneres zu blicken. Denn da könnte ja manches hochkommen, was uns unangenehm ist, was uns verunsichert, was das Bild zerstört, das wir von uns haben. Da könnte ja Dunkles und Mörderisches, Verächtliches und Krankes zum Vorschein kommen. So verschließen wir lieber die Augen. Und wir wollen auch unsere Mitmenschen nicht so genau anschauen. Wir verschließen die Augen vor ihren Nöten und Ängsten. Wir setzen vielleicht eine rosarote Brille auf, um die Probleme anderer Menschen nicht in ihrer Schärfe sehen zu müssen. Denn sonst müßten wir uns ja auf sie einlassen. Wir könnten uns nichts mehr vormachen. Davor haben wir Angst. Wir verstecken uns lieber hinter unserer rosaroten Brille. So reden wir uns ein, alles sei ja in Ordnung, keiner in unserer Nähe sei wirklich krank. Die rosarote Brille reicht oft noch weiter. Wir wollen auch den Zustand unserer Gesellschaft und der ganzen Welt nicht anschauen. Wir

beschränken uns auf den Bereich unseres Lebens und machen die Augen zu vor der Situation der Menschen in der Dritten Welt, aber auch in unserer eigenen Gesellschaft. Weil wir die Probleme nicht sehen wollen, tun wir so, als ob sie nicht existierten.
So einen Blinden bringt man zu Jesus und bittet ihn, er möge ihn berühren. Jesus nimmt ihn wieder beiseite, führt ihn aus dem Dorf hinaus, er läßt ihm wieder eine Sonderbehandlung zukommen, er schafft eine persönliche Verbindung, läßt sich Zeit, um mit ihm die Schritte des Sehenlernens behutsam mitzugehen. Zuerst bestreicht Jesus seine Augen mit Speichel. Er geht mütterlich mit ihm um, läßt ihn im Speichel Nähe und Zuwendung spüren, Wärme und Liebe. Er will ihm damit die Angst nehmen, die Wirklichkeit anzusehen, wie sie ist. Wir brauchen einen, der gut mit uns umgeht, damit wir den Mut bekommen, der Wahrheit ins Gesicht zu sehen. Wenn ein Kind Angst hat, schließt es die Augen. Dann muß es die Mutter auf den Arm nehmen und es streicheln. So wagt es wieder, die Augen zu öffnen. Dann verliert die Welt das Bedrohliche und kann wieder angeschaut werden.
Jesus legt dem Blinden die Hände auf und fragt ihn, ob er etwas sehe. Handauflegung ist die Urform des Betens für andere. Da entsteht ein Schutzraum, in dem die betroffene Person leben kann, ohne von irgendwelchen Mächten bedroht zu sein. Seelsorge heißt, so einen Schutzraum, so einen Raum des Vertrauens zu schaffen, damit der einzelne es wagt, die Augen zu öffnen und ohne zu beschönigen in das eigene Herz zu sehen, all die Schattenseiten anzuschauen, vor denen er sonst die Augen verschließt. Dazu müssen wir ihm erst die Angst nehmen, als ob er in seinem Herzen auf eine Mördergrube stößt, die ihn abschreckt. Wir müssen ihm das Gefühl vermitteln, daß alles sein darf. Er braucht vor nichts Angst zu haben. Wenn er Angst hat vor den mörderischen Tendenzen in seinem Innern, vor seinen Leidenschaften und Aggressionen, vor seinem Groll und seinem Haß, vor seiner Bitterkeit oder Traurigkeit, dann nur, weil er unbewußt meint, das dürfe alles nicht

sein, das mache ihn zu einem schlechten Menschen. Wir müssen ihm dieses Gefühl nehmen, als ob das alles nicht sein dürfe. Alles darf sein, nichts kann uns schaden, wenn wir es in die Beziehung zu Jesus Christus halten und es gemeinsam mit Ihm anschauen. Dann verliert es seine Gefährlichkeit. Dann wird es vom Licht Christi erleuchtet und geheilt.

Bei der Blindenheilung im Johannesevangelium (9,1–12) bestreicht Jesus den Blinden nicht nur mit Speichel, sondern zuvor spuckt er auf die Erde und macht aus Erde und Speichel einen Teig, den er dem Blinden auf die Augen streicht. Erde, das bedeutet, der Mensch muß sich zu seiner eigenen Erdhaftigkeit und Dunkelheit, zu dem Schmutz und Dreck, der in ihm ist, herabbeugen. Er muß demütig sein, humilis, mit seiner Erde in Berührung kommen. Das Problem der Blindheit ist ja oft, daß einer seine Erdhaftigkeit, seinen Wurzelboden nicht sehen will. Er ist nicht demütig, sondern stolz. Und in seinem Stolz weigert er sich, seine Wirklichkeit anzusehen, wie sie ist. Im Stolz baut er sich eine Scheinwelt auf. Jesus muß den Blinden, der in seiner Scheinwelt lebt, erst mit Erde bestreichen, daß er Mut bekommt, seine schmutzige Seite auch anzusehen, sich zu seiner Wirklichkeit herabzubeugen und sich damit auszusöhnen. Die Demut ist der Mut zur eigenen Wahrheit. Zu dieser Demut, humilitas, gehört jedoch zugleich auch Humor. Im Humor söhne ich mich aus mit meiner Erdhaftigkeit, mit meiner Menschlichkeit und kann darüber lachen.

Jesus fragt den Blinden, ob er etwas sehe. Er sieht zunächst nur die Umrisse von Menschen, Menschen, die wie Bäume aussehen und umhergehen. Er muß erst schrittweise lernen, die Wirklichkeit zu sehen. Zunächst sehen wir nur Umrisse, nur den Schatten von dem, was in uns ist, wir sehen das Äußere, wir sehen die Symptome unseres Leibes, die auf unsere verdrängten Bedürfnisse und auf unsern verdrängten Schatten hinweisen. Aber wir sehen noch nicht die Wahrheit, wir blicken noch nicht durch auf die Ursache hin. Da muß Jesus nochmals die Hände auf die Augen legen, nochmals seine

Liebe und Zärtlichkeit deutlich spüren lassen, seine Liebe stärker sein lassen als alles, was uns von außen bedrohen könnte. Erst dann können wir die Augen ganz öffnen und alles genau sehen. Erst dann finden wir den Mut, unsere Wahrheit zu erkennen, ohne sie beschönigen zu müssen.

Seelsorge heißt nach dieser Heilungsgeschichte, daß wir den Menschen die Angst vor sich selber nehmen. Die frühen Mönche hatten ein Gespür für diese Art biblischer Seelsorge. Wenn da junge Mönche zu ihnen kamen, erschrocken über ihre Sünden, erschrokken über die Leidenschaften ihrer Seele, da machten sie ihnen Mut. Obwohl sie als Altväter in hohem Ansehen standen, gaben sie vor denen, die ihre Hilfe erbaten, die eigene Gebrechlichkeit zu. Die Altväter haben sich selbst angeschaut, wie sie sind. Ihre Askese bestand zum großen Teil darin, sich mit den Leidenschaften zu beschäftigen, ihre Ursachen zu erforschen und dann nach Wegen zu suchen, besser mit ihnen umzugehen, sie zu Ende zu denken und sie schließlich zu verwandeln in Sehnsucht nach Gott. Weil sie sich ehrlich angeschaut haben, konnten sie auch den Ratsuchenden den Mut schenken, ihr eigenes Herz mit all seinen Abgründen anzusehen, ohne zu erschrecken und ohne sich selbst zu verurteilen. So heißt es in einem Väterspruch:

„Das ist das Verfahren der Sketioten: Denen, die angefochten sind, Zuversicht einzuflößen und sich selber Gewalt anzutun, um andere für das Gute zu gewinnen" (Apophtegma, 333).

Die erste Voraussetzung, daß einer sich selbst anschauen kann, ist, daß wir ihn nicht verurteilen. Wer sich selber kennt, der urteilt nicht über die andern. Die Altväter verurteilen nicht, sondern ermutigen. Und wenn einer noch nicht fähig ist, seine eigenen Sünden zuzugeben, so stoßen sie ihn nicht mit Gewalt darauf. Manche brauchen einfach noch die Mauer, hinter der sie sich verstecken. Wenn ich ihnen die Mauer niederreiße, fällt ihr ganzes Lebensgebäude zusammen. Wenn der andere den Schutz der Mauer noch braucht, kann ich nur behutsam zusammen mit ihm Loch für

Loch in die Mauer brechen, damit er allmählich wagt, die eigene Wahrheit anzuschauen. Das meint der Väterspruch: „Abbas Poimen sprach: Wenn ein Mensch gesündigt hat und es leugnet mit den Worten: Ich habe nicht gesündigt, dann mach ihm keine Vorwürfe, sonst brichst du seinen Eifer. Wenn du aber zu ihm sagst: Gib den Mut nicht auf, Bruder, sondern hüte dich in Zukunft, dann erweckst du seine Seele zur Reue" (Poimen, 23).

Damit ein Bruder es wagt, seinen Schatten und seine Fehler anzunehmen, erzählen die Altväter oft von den eigenen Problemen. So kommt ein Bruder zum Altvater Theodoros und erzählt ihm von seiner inneren Erregung, von Zorn und Ärger, mit dem er nicht zurechtkommt. Da antwortet Theodoros: „Ich trage schon siebzig Jahre das Mönchskleid, und nicht einen Tag fand ich Ruhe. Und du willst nach acht Jahren bereits Ruhe haben?" Als er das vernahm, ging er gestärkt von dannen (Theodoros von Pherme, 2).

Das Zugeständnis, daß er selbst von Zorn und Ärger heimgesucht wird, ist wie die Erlaubnis: Dein Ärger darf sein, mach dir keine Sorge. Es kommt nur darauf an, richtig damit umzugehen. Theodoros ermöglicht dem jungen Mönch, seine Wahrheit anzuschauen, weil er selbst sich seiner Wahrheit gestellt hat und sie auch vor dem jungen Ratsuchenden eingesteht. Nur wer sich selbst anschaut, kann einem Blinden helfen, die Augen zu öffnen und ohne Angst zu sehen, was ist.

j. Gebeugte aufrichten (Lk 13,10–17)

Viele Menschen, die zum Seelsorger kommen oder den Gottesdienst besuchen, fühlen sich wie die Frau mit dem gekrümmten Rücken. Die Ursachen für die Verkrümmung können vielfach sein. Da kann ein Mensch erdrückt werden von der Last seines Lebens, von zuviel Arbeit, von den eigenen Sorgen und Problemen. Oder einer wird unterdrückt, die andern lassen ihn nicht hochkommen.

Ein anderer läßt sich hängen. Er ist enttäuscht über sich selbst und hat resigniert. Durch den gekrümmten Gang verfestigt sich seine resignierende Haltung noch. Er sieht den Problemen nicht ins Auge, er stellt sich nicht seinem Leben, sondern er läßt sich hängen, seine Augen sehen nur noch den Boden und die eigenen Füße. So eng ist sein Horizont geworden. Einem andern hat man das Rückgrat gebrochen. Er ist ein gebrochener Mann, eine gebrochene Frau. Er hat kein Selbstvertrauen, er hat das Gefühl, daß sein Leben gescheitert ist, daß er auf einem Scherbenhaufen sitzt. Alles ist ihm zerbrochen. So geht er als gebrochener Mensch mit gekrümmtem Rücken einher.

Der gekrümmte Rücken kann auch ein Bild sein, daß die Frau ihre Gefühle verdrängt hat oder auch ihre Sexualität. Eine Frau, die sehr gesetzlich erzogen worden war und unter der Verteufelung der Sexualität in ihrer Erziehung litt, erzählte mir, daß diese Geschichte für sie ein Schlüsselerlebnis war. Genauso gekrümmt wie diese Frau fühlt sie sich. Sie geht zwar aufrecht, aber ihr Rücken ist verkrampft. Und sie braucht viel Energie, den starren Rücken aufzurichten. Der Rücken ist wie ein Koffer, in den wir alle verdrängten Gefühle hineingesteckt haben. Wir schleppen den Koffer mit uns herum, ohne daß wir an die Gefühle herankommen, die wir verdrängt haben. Rückenschmerzen sind oft ein Zeichen für uneingestandene Gefühle. Der Rücken ist erst geheilt, wenn es dort wieder strömen kann, wenn wir die Gefühle zulassen, die wir sonst verdrängen.

Jesus heilt die Frau in vier Schritten. Zunächst ruft er sie zu sich. Sie ist zumindest in die Synagoge gekommen und nicht daheim geblieben. Aber sie sitzt da am Rande. Und mit ihrem gekrümmten Rücken verkriecht sie sich in sich selbst. Sie nimmt nicht wahr, was um sie geschieht. Da ruft Jesus sie zu sich. Jetzt muß sie sich vor aller Augen zu ihm begeben. Jetzt steht sie im Mittelpunkt, jetzt kann sie sich nicht mehr verstecken. Der erste Schritt der Heilung besteht in der Bereitschaft, herauszutreten aus der zweiten Reihe, sich in die Mitte zu stellen, sich den Menschen auszusetzen und vor ihnen zu sich zu stehen.

Der zweite Schritt besteht im Wort Jesu: Du bist von deinen Leiden erlöst. Jesus gibt keinen Befehl, daß die Frau sich aufrichten soll, er verheißt ihr auch nicht, daß sie geheilt werden soll. Er spricht vielmehr das Gesunde in ihr an. Du bist schon erlöst. In Dir ist schon Kraft. Du bist schon gesund. In Dir sind noch andere Seiten, als Du nach außen hin zeigst. Er spricht also das Positive in ihr an. Und gleichzeitig legt er ihr die Hände auf. Die Handauflegung kann eine Heilungsgebärde sein. In ihr erfleht man den Segen Gottes für die andere Person und läßt ihn auf sie strömen. Hier ist es einfach eine Bestätigung dessen, was Jesus gesagt hat. Er berührt sie mit seinen Händen, um ihr zu zeigen, wie wichtig sie ihm ist, daß er Beziehung mit ihr eingehen will, daß er sie achtet. Und mit seinen Händen zeigt er ihr, daß in ihr Wertvolles ist. Er spricht das Gute in ihr an und indem er die Hände auf sie legt, läßt er sie das Gute in sich spüren. Mit den Händen bekräftigt er: Spüre da hin, du bist gesund, du bist wertvoll, in dir ist eine unantastbare Würde. „Im gleichen Augenblick richtete sie sich auf und pries Gott." Die Heilung besteht darin, daß sie nun selbst an das Gute und an ihre göttliche Würde glaubt und daß sie Gott dafür preist, daß sie lebt, daß sie von ihm geschaffen und geliebt ist. Das Loben Gottes ist hier das Gegenteil von Gekrümmtsein. Sie kreist nicht mehr um den Boden und um ihre Füße, sondern sie sieht weiter, sie sieht alles im Licht des guten Gottes.

Die Heilung vollzieht sich am Sabbat in der Synagoge. Sie geschieht also im Raum des Gottesdienstes. So ist sie ein Bild für unsere Gottesdienste. Wir feiern dann richtig Gottesdienst, wenn die Menschen aufrechter aus der Kirche herausgehen, wenn sie ihre Würde gespürt haben und wenn die Last des Lebens ein Stück von ihnen abgefallen ist, so daß sie sich aufrichten und frei und weit fühlen können. Wenn wir im Gottesdienst eine Moralpredigt halten, dann werden die Leute eher gedrückt und gebeugt herausgehen. Sie ziehen die Köpfe ein und bekommen ein schlechtes Gewissen. Und indem wir in ihnen ein schlechtes Gewissen einimpfen, üben wir Macht über sie aus. Ein schlechtes Gewissen zu vermitteln ist die subtilste Machtausübung. Dagegen kann sich kaum einer wehren. Doch unbewußt greifen wir häufig zu diesem Mittel. Wenn wir der frohen Botschaft Jesu nichts mehr zutrauen, wenn wir spüren, wie erfolglos unsere Seelsorge ist, wie sie nichts in den Herzen der Menschen bewirkt, dann wollen wir ihnen wenigstens ein schlechtes Gewissen vermitteln. Dann hat unsere Predigt eine Wirkung gehabt. Dann wird ihnen das Mittagessen heute auch nicht schmecken, und sie werden sich noch mit meiner Predigt beschäftigen. Ich habe also eine gewisse Befriedigung, daß ich etwas erreicht habe. Aber ich habe eben nicht das bewirkt, was Jesus im Gottesdienst bewirken will. Er will die Menschen aufrichten, ihnen ihre unantastbare Würde zeigen.

Was hier in dieser Heilungsgeschichte beschrieben wird, das wird in der Eucharistie dargestellt, es wird in den Riten der Eucharistie nachgespielt. Da gehen wir bei der Kommunion auf Christus zu. Und der Leib, den der Priester uns in die Hand legt, ist die konkrete Zusage: Du bist geheilt von deinem Leiden. Jesus berührt uns mit seinem Leib, er legt uns seine Hände auf, um uns zu sagen, daß in uns sein Leben ist, seine göttliche Würde. Wenn wir von der Kommunionbank wieder an unsere Plätze zurückgehen, dann sollten wir im Bewußtsein unserer Freiheit und Würde aufrecht schreiten und uns im Schreiten hineingehen in unsere Erlösung. Die Prozessionen, die in der Liturgie noch üblich sind, sind nichts anderes als ein bewußtes Hineingehen in seine Erlösung. Die feierliche Prozession verlangt auch ein aufrechtes Schreiten. Da kann man nicht einfach nur mitgehen. Das Schreiten ist nicht Sache der Disziplin, sondern Ausdruck unserer Erlösung. Wir spielen uns in solchen einfachen Riten hinein in unsere Erlösung, in unsere unantastbare Würde.

Die Heilung der gekrümmten Frau könnte ein Bild sein für jeden

Umgang mit Menschen. Seelsorge würde dann bedeuten, so einander zu begegnen, so miteinander zu sprechen, daß es im Gegenüber weit wird, daß er sich aufrichtet und seine eigene Würde entdeckt. Es gibt keinen Trick, wie wir andere aufrichten können. Aber wenn wir mit dem Bild der gekrümmten Frau, die Jesus aufrichtet, in unsere Begegnungen und Gespräche gehen, wird von uns etwas ausgehen, das den Mitmenschen aufrichtet. Wir werden von alleine etwas ausstrahlen, daß er sich geachtet fühlt und froh wird über sich und seine Würde. Als ein argentinischer Freund einmal bei mir zu Hause war und mit meinem Vater sprach, ohne daß mein Vater spanisch und ohne daß er deutsch verstand, da sagte mir der Freund später: Bei deinem Vater fühlt man sich geachtet. Ich denke, ein größeres Lob kann man nicht aussprechen. Wenn das von unseren Gesprächen ausginge, daß die Menschen sich geachtet fühlen, dann wird diese Heilungsgeschichte in unserer Seelsorge Wirklichkeit. Dann richten sich Menschen auf und entdecken voll Freude ihre göttliche Würde. Und dann werden sie Gott loben für das Geschenk ihres Lebens, für die königliche Würde, die sie in Jesus Christus empfangen haben.

Es gibt Menschen, in deren Nähe andere den Kopf einziehen. Da wird es in ihnen eng, und sie bekommen Angst. Sie fühlen sich bedrückt, erdrückt. Und unwillkürlich krümmt sich in ihnen etwas. Die Heilungsgeschichte könnte für uns ein Bild werden für eine andere Ausstrahlung: In unserer Nähe bekommen Menschen den Mut, sich aufzurichten, da wird es in ihrem Herzen weit, sie fühlen sich geachtet, sie spüren ihre unantastbare Würde und sie freuen sich an ihrem Leben. Wenn wir das Bild dieser Geschichte in uns tragen, dann werden wir einen Blick bekommen für die Würde der Menschen. Und so können wir sie ansprechen, aufdecken, hervorlocken. Das Bild läßt das Geheimnis des andern aufleuchten. Christus selbst strahlt durch dieses Bild hindurch und in Ihm die Erlösung, die Er uns geschenkt hat.

Was Seelsorge meint, können wir an zahlreichen Begegnungsgeschichten des Alten und Neuen Testaments erkennen. Da begegnen Menschen Jesus Christus und ihr Leben ändert sich. Oder sie begegnen Gott selbst oder seinen Engeln und finden den Mut, sich auf den Weg zu machen. Seelsorge heißt, den Menschen zu begegnen, so daß sie in der Begegnung mit uns zu ihrem eigenen Selbst finden und das Geheimnis ihres Lebens erkennen. Die Begegnung ist immer ein Geschehen, das beide verwandelt. Seelsorge als Begegnung weist daher darauf hin, daß wir in unserem seelsorglichen Tun immer auch selbst die Beschenkten sind (vgl. Zerfaß, 94f). Wir wollen die folgenden Begegnungsgeschichten nur auf die Frage hin untersuchen, was denn in der Begegnung geschieht, welcher Prozeß da in Gang kommt und wie Verwandlung möglich wird.

a. Zum Engel für andere werden (1 Kön 19,1–13)

Elija hatte voller Eifer für Gott die 500 Baalspriester getötet. Man möchte meinen, er sei nach seinem Erfolg glücklich und zufrieden. Doch im Gegenteil, jetzt, als ihm die Königin Isebel nach dem Leben trachtet, gerät er in Angst, er legt sich hin, um zu sterben. Er ist enttäuscht von sich: „Ich bin ja auch nicht besser als meine Väter." Wie Elija treten wir oft mit Begeisterung an, um alle Baalspriester in uns zu töten, um alle Fehler und Schwächen in uns auszurotten. Doch irgendwann erkennen wir, daß wir dem eigenen Schatten nicht entrinnen können, daß wir auch nicht besser sind als die andern, daß wir die gleichen Bedürfnisse und Wünsche, die gleichen mörderischen Tendenzen und destruktiven Phantasien haben wie sie. Und dann wollen wir nicht mehr weiter leben. Dann ziehen wir uns zurück in unsere Enttäuschung und Depression. Wir flüchten wie Elija in den Schlaf. Wir wollen nichts mehr hören und sehen. Doch vielleicht kommt da auch ein Engel zu uns und rührt uns an. Bei Elija muß er es zweimal tun. Das erste Mal ißt und trinkt Elija und legt sich wieder hin. Dann rührt ihn der Engel zum zweiten Mal an und weist ihn hin auf das Brot, das in glühender Asche gebacken war, das auf der Asche seiner verbrannten Illusionen und Hoffnungen entstanden ist, und auf den Krug mit Wasser. Jetzt kann Elija in der Kraft dieser Speise 40 Tage und Nächte durch die Wüste wandern. Es ist noch nicht alles hell und heil. Zuerst muß er noch durch die Wüste wandern. Als er dann zum Gottesberg Horeb kommt, verkriecht er sich erst in der Höhle. Die Höhle ist Bild für den Mutterschoß. Da sind wir geschützt, müssen nichts leisten, wir können uns einfach fallen lassen. Wir brauchen alle solche Höhlen, in denen wir ausruhen können, Höhlen als Bild einer legitimen Regression in die Kindheit. Aber wir können nicht für immer in der Höhle bleiben. Gott ruft den Elija an, was er denn hier tue. Und er befiehlt ihm: „Komm heraus, und stell dich auf den Berg vor den Herrn!“ Nicht in der Höhle begegnet er Gott, sondern auf dem Berg. Er kann sich nicht zurückziehen, sondern muß sich stellen. Und dann belehrt ihn Gott, wer er wirklich ist. Er erscheint ihm nicht im heftigen Sturm, nicht im Erdbeben und im Feuer. Elija hatte sich Gott so vorgestellt, daß er mit Feuer dreinschlägt, daß er die Gegner mit Gewalt vernichtet. Gott sollte so erhaben sein, daß alle davon erbeben. Doch Gott zeigt sich ihm im Säuseln des Windes, im Schweigen, im zärtlichen Streicheln des Windes, in der Sanftheit der Stille.

Wie oft fühlen wir uns resigniert und deprimiert wie Elija! Und es kommen Menschen zu uns, denen es so ergeht. Sie haben gegen ihre Fehler angekämpft. Sie wollten moralisch bessere Menschen werden. Und dann entdecken sie auf einmal, daß sie auch nicht besser sind als die andern, über die sie sich in ihrem moralischen Eifer erhoben haben. Sie haben vielleicht vehement die Gebote der

Kirche bezüglich der Ehescheidung verteidigt. Und jetzt sind sie selber gescheitert in ihrer Ehe oder sie ertappen sich dabei, wie sie Ehebruch begehen. Dann möchten sie sich am liebsten unter einen Ginsterstrauch legen und schlafen, daß sie nichts mehr hören und sehen, daß sie niemandem in die Augen sehen müssen. Seelsorge würde dann heißen, daß wir geduldig und sanft wie ein Engel den Menschen anrühren und ihn hinweisen auf eine andere Kraft. Nicht sein Wille kann ihn besser machen, nicht seine eigene Anstrengung. Er soll auf das Brot achten, das Gott ihm gibt. Die Kirchenväter haben dieses Brot auf die Eucharistie gedeutet. Auf jeden Fall sollen wir nicht den eigenen Kräften trauen, sondern auf das schauen, was Gott uns schenkt. Nur Gott kann uns weiterführen, daß wir mitten in unserer Enttäuschung den Mut finden, uns auf den Weg durch die Wüste zu machen, um Gott wieder neu und echter zu erfahren.

Die Geschichte zeigt uns auch, welchen Gott wir den Menschen vermitteln sollten: nicht den Gott, der in Feuer, Sturm und Erdbeben erscheint, sondern den Gott, der im leisen Säuseln des Windes uns begegnen möchte. Seelsorge braucht daher nicht den großen Betrieb, nicht die großen Veranstaltungen und Feste, sondern vor allem den Raum der Stille, damit wir gemeinsam im Schweigen auf den Gott hören, der von Herz zu Herz sprechen möchte. Es braucht viel Stille, um diesen Gott vernehmen zu können. Da ist nicht unser Wissen gefragt, nicht unsere seelsorglichen Methoden, sondern Spiritualität, Schweigen als Erfahren der eigenen Ohnmacht, der eigenen Bedürftigkeit. Im Schweigen sind wir nicht weiter als die, denen wir Gott verkünden wollen. Da halten wir unsere gemeinsame Leere und Ohnmacht Gott hin, damit er sie ausfülle durch seine Gegenwart, daß er sich uns zeigt als der, der uns im Säuseln des Windes zärtlich berührt und mit seiner liebenden Gegenwart einhüllt.

b. Loslassen (Mk 10,17–22)

Die Begegnung Jesu mit dem Mann, der ihn um Weisung bittet, ist ein schönes Bild dafür, was in der Seelsorge geschehen könnte. Zunächst wird hier ein Dialog zwischen Jesus und dem Mann geschildert. Der Mann fragt nach dem Weg zum ewigen Leben. Jesus verweist ihn auf die Gebote und zählt sie ihm auf. Der Mann beteuert, daß er diese Gebote seit seiner Jugend gehalten habe. Der Dialog verläuft anfangs auf der rein sachlichen Ebene, aber er führt immerhin dazu, daß der Mann seine Lebensgeschichte mit einbezieht. Doch dann geschieht das Wesentliche: „Da sah ihn Jesus an, und weil er ihn liebte, sagte er: Eines fehlt dir noch." Jesus versteht den Mann nicht nur, er fühlt sich nicht nur in ihn hinein, sondern er gewinnt ihn lieb. Es wächst da eine wirkliche Beziehung, es entsteht Nähe, Intimität. Und aus dieser Intimität heraus sagt Jesus: „Geh, verkaufe, was du hast, gib das Geld den Armen, und du wirst einen bleibenden Schatz im Himmel haben." Weil er dem Mann nicht nur helfen will, sondern weil er ihn liebt, kann er ihn höher hinaus führen, zu einem Lebensmodell, bei dem er ganz frei und weit werden würde. In der Intimität lockt Jesus die eigentlichen Möglichkeiten des andern hervor. Doch Markus berichtet uns, daß dieser Dialog der Liebe mißlungen ist. Der andere läßt sich nicht herauslocken, er läßt sich nicht über das Gesetzesdenken hinausführen. Er bleibt an seinem Besitz hängen. Auch die Liebe ist keine Garantie, daß wir im andern Leben wecken. Im andern bleibt immer die Möglichkeit, sich zu verschließen. Immerhin geht der Mann traurig weg. Offensichtlich war er getroffen, angerührt. Und vielleicht wirkt das Wort Jesu in ihm weiter. Vergessen kann er es sicher nicht so leicht. Jesus läßt ihm die Freiheit zu reagieren. Und sicher hat er die Hoffnung, daß das Wort irgendwann einmal im andern etwas bewirken wird, auch wenn uns das Evangelium davon nichts erzählt.

Wir können den Erfolg eines Gespräches oft nicht erleben. Wir dürfen ihn auch nicht unbedingt in der unmittelbaren Wirkung sehen. Der andere hat die Freiheit und die sollen wir ihm lassen. Wir sollen nur darauf vertrauen, daß Gott durch das Wort unserer Liebe im andern neue Möglichkeiten schafft und Heil bewirkt. Unsere Aufgabe ist es, uns wie Jesus in den Mitmenschen hineinzuträumen und zu spüren, was seine Möglichkeiten sind, was ihm gut täte, wo er lebendig werden könnte. Seelsorge ist nicht nur Bestätigung und Annahme, nicht nur Lebenshilfe, nicht nur Beratung, sondern im Tiefsten will sie Leben wecken, das Leben im Menschen hervorlokken. Dazu braucht es Liebe, Phantasie und Träume. Ob der andere unsere Träume mitvollzieht, ist seine Sache. Da können wir nicht anders als Jesus: ihm seine Freiheit lassen. Aber vielleicht haben wir ihn nachdenklich gemacht, daß er den eigenen Träumen auf die Spur kommt.

c. Einander begegnen (Lk 1,39–47)

In dieser Geschichte wird uns das Urbild menschlicher Begegnung geschildert. Und es ist sicher nicht zufällig, daß es eine Begegnung zwischen zwei Frauen ist. Denn die Frau ist für menschliche Begegnung offener als der Mann. Und es sind schwangere Frauen, die sich hier begegnen. Es sind Frauen, die ein Kind in sich tragen, die fruchtbar sind, die Frucht menschlicher Liebe in sich Gestalt werden lassen. In dieser wunderbaren Begegnungsgeschichte, die das Volk seit jeher zum frohen Feiern bewegt hat, können wir wiederum ein Bild von Seelsorge erkennen. Wenn zwei Menschen sich wirklich begegnen, dann wird im Gegenüber etwas lebendig, dann hüpft ein Kind in ihm auf und er findet zu seinem eigenen Selbst, zu seinem wahren Wesen. Doch damit solche Begegnung in der Seelsorge stattfinden kann, müssen wir uns erst auf einen langen Weg zum Mitmenschen machen. Wenn jemand in unser Zimmer tritt, sind wir noch lange nicht bei ihm angekommen. Wir müssen

erst das eigene Haus verlassen wie Maria, wir müssen aus uns herausgehen, über das Gebirge unserer Ängste und Hemmungen, über den Berg der eigenen Bequemlichkeit schreiten, um beim Partner oder der Partnerin anzukommen, um ihm oder ihr ohne Vorurteile begegnen zu können. Begegnen heißt, in das Haus des andern eintreten und ihn grüßen, voll Ehrfurcht auf sein Geheimnis schauen, auf seine Einmaligkeit. Grüßen ist absichtslos. Wir testen eine andere Person nicht auf ihre psychische Situation hin, wir prüfen sie nicht auf Krankheiten und Probleme hin, sondern wir grüßen sie, wir lassen sie sein, wie sie ist, wir nehmen sie an, wie sie uns begegnet. Dann kann es sein, daß durch unsern Gruß in ihr das Kind aufhüpft, daß sie zu ihrem unverfälschten Kern kommt, daß es lebendig wird in ihr.
Auf den Gruß Mariens hin erkennt Elisabet das Geheimnis ihrer Verwandten. Sie sieht in ihr die Mutter ihres Herrn. Sie erkennt Christus in ihr. Weil sie selbst von Maria ehrfurchtsvoll gegrüßt worden ist, weil sie selbst in der Begegnung ihre unantastbare Würde erkannt hat, kann sie nun auch das Geheimnis Mariens entdecken und erkennen, daß in Maria ihr die Mutter ihres Herrn begegnet. Begegnung kann nur stattfinden, wenn jemand um seine oder ihre eigene Würde weiß und sich so an der Würde anderer freuen kann. Oft genug können wir einander nicht begegnen, weil wir einander messen und vergleichen. Wir versuchen, den andern sofort einzuordnen: Ist er stärker als ich, intelligenter, reifer in seiner Menschwerdung, weiter auf dem geistlichen Weg? Und wir schauen instinktiv nach seinen schwachen Seiten aus. Wir brauchen seine Schwächen, um ihn kleiner zu machen als wir sind. Wir können es nicht ertragen, wenn wir unterliegen. So müssen wir ihn entwerten. Wir entwerten seine Worte, seine Motivationen, seine Leistungen. Wir brauchen diesen Entwertungsmechanismus, weil wir uns selber wertlos vorkommen. Wenn wir keinen Wert haben, darf ihn auch ein anderer nicht besitzen. Wenn wir um den eigenen Wert, um unsere göttliche Würde wüßten, dann könnten wir uns an

der Würde anderer freuen. Es ginge nicht mehr um ein Sichvergleichen, nicht mehr um Sieg oder Niederlage, sondern um Teilhabe. Wir hätten teil am andern. Echte Seelsorge kann nur stattfinden, wenn wir frei sind von den Mechanismen des Entwertens und Einordnens, wenn wir im Bewußtsein der eigenen Würde die Würde des Mitmenschen erkennen, wenn wir ihm voll Ehrfurcht sein Geheimnis lassen. Maria weiß um ihre Würde und Elisabet hat sie durch Maria erfahren. So können sie einander lassen und haben teil aneinander und miteinander am Geheimnis Gottes.
Maria antwortet auf die Worte Elisabets mit dem Magnificat. Sie preist die Größe Gottes und erkennt zugleich das Geheimnis ihres eigenen Lebens, ihrer persönlichen Lebensgeschichte. Seelsorge wäre nach diesem Bild, den anderen Menschen zu seinem eigenen Geheimnis führen, ihn mit seinem unverfälschten Kern in Berührung bringen, in ihm Leben wecken und Freude. Es geht nicht darum, dem andern etwas beizubringen oder ihn zu belehren, auch nicht darum, ihm die Wahrheiten des Glaubens vor Augen zu halten oder seine Probleme zu erörtern. Zunächst ist Seelsorge Begegnung, in der einer den andern achtet, in der einer im andern das Geheimnis Christi entdeckt und ihn so in seine eigene Wahrheit hineinführt. Solche Begegnung ist freilich immer ein Geschenk. Es gibt keinen Trick, sie zu machen. Aber wenn wir durch diese Begegnungsgeschichte offen geworden sind für das Geheimnis von Begegnung überhaupt, dann wird auch in unserer Seelsorge immer wieder Begegnung möglich werden. Dann werden wir auf einmal spüren, wie in unserer Begegnung Gott selbst gegenwärtig ist, ja wie wir in ihr Gott selbst berühren. Da entsteht eine Dichte, die von Gott gefüllt ist. Wir werden still und nehmen wahr, daß Gott selbst jetzt in unserem Gespräch da ist und unserem Miteinander eine andere Qualität gibt, wie wir da gemeinsam an das Geheimnis Gottes und an das Geheimnis des eigenen Herzens rühren.

d. Gastfreundschaft (Lk 10,38–42)

In dieser Geschichte wird Seelsorge als Gastfreundschaft (Zerfaß) geschildert. Jesus selbst ist der Gast, der von Maria und Marta aufgenommen wird. Während Marta sich um die Bewirtung kümmert, darum, daß sich der Gast wohl fühlt, sitzt Maria Jesus zu Füßen. Sie nimmt sich Zeit für ihn, sie hört ihm zu. Die Person, das Geheimnis seiner Worte ist ihr wichtiger als die Pflichten einer guten Gastgeberin, wichtiger als Bewirten und Saubermachen. Maria hat ein Gespür für das Geheimnis des Gastes. So hat sie teil an seinem Gastgeschenk, an seinem göttlichen Wort. Und Jesus gibt ihr recht gegenüber dem Vorwurf ihrer Schwester: „Nur eines ist notwendig. Maria hat das Bessere gewählt, das soll ihr nicht genommen werden." Marta merkt vor lauter Sorge, daß dem Gast nichts fehlen soll, gar nicht, daß sie selber fehlt, daß sie gar nicht da ist, um dem Gast zuzuhören, um das Geheimnis des Gastes zu erspüren. Im Gast, so weiß es die Antike, nehmen wir Gott selber auf. Maria hat das verstanden. Ihr genügt es, dem Herrn zu Füßen zu sitzen und sich von seinem Wort ins Herz treffen zu lassen. Die Gegenwart des Herrn genügt ihr, sie wird ihr nie genommen werden. Sie wird ihr bleiben bis in den Tod hinein.
Auf dem Hintergrund dieser Geschichte könnte man mit Zerfaß die wichtigsten Grundregeln einer gastfreundlichen Seelsorge zeichnen. Gastfreundschaft bietet eine Chance der Gottesbegegnung. Indem ich auf den Fremden und Unbekannten höre, kann Gott selber zu mir sprechen. „Weil der Fremde, der auf mich zukommt, ein geheimnistiefer Abgrund ist, abgründig wie Gott selbst und sein Ebenbild – ist er ein möglicher Ort der Offenbarung Gottes" (Zerfaß, 19). Im Gast, den Maria aufnimmt, begegnet ihr Christus selbst, der Sohn des lebendigen Gottes. Das war ein tiefer Glaube der Antike, daß wir im Fremden Gott aufnehmen und daß der Gast uns mit göttlichen Gastgeschenken dankt. Lukas schildert Jesus in seinem Evangelium als den göttlichen Wanderer, der aus dem

Himmel zu uns kommt in unsere Fremde, der immer wieder bei den Menschen einkehrt, mit ihnen ißt und trinkt und ihnen die Menschenfreundlichkeit und Güte Gottes schenkt. Die wichtigsten Botschaften verkündet Jesus im Lukasevangelium beim Mahl mit Gerechten und Ungerechten, mit Pharisäern und mit Zöllnern und Sündern. Und seine Verkündigung ist letztlich nur die Deutung dessen, was er im Mahl selbst tut. Im Mahl da feiert er mit uns, die wir uns verloren hatten, die wir uns entfremdet sind und uns von wertlosen Dingen sättigen, ein Freudenmahl. Gastfreundschaft ist für Jesus, die Verlorenen, die Entfremdeten, diejenigen, die sich für wertlos halten, die Armen und Krüppel einladen und ihnen anteilgeben am eigenen Leben.

Gastfreundschaft läßt den andern Menschen bei sich eintreten, sie nimmt ihn auf, sie schafft einen Freiraum für ihn, in dem er er selbst sein darf. „Gastfreundliche Seelsorge ist aufnahmebereit... sie geht davon aus, daß den Menschen in dieser hektischen Welt nichts so gut tut wie ein Platz, an dem sie verschnaufen, Atem holen, das Visier hochklappen, die Waffen ablegen können, weil sie spüren: hier muß ich nicht schon wieder etwas ‚bringen', hier darf ich mich gehenlassen, ohne Angst haben zu müssen, daß mir dies zum Nachteil gerät" (Zerfaß, 22 u. 24). Gastfreundschaft schafft ein Gefühl von Heimat, von Daheimsein. Ich muß keine Rolle spielen, sondern ich darf sein, wie ich bin. Ich darf schwach sein, erschöpft sein, arm sein, verkrüppelt, geschädigt in meinem Leben, unfähig, mir selbst zu helfen. Gastfreundschaft lädt Menschen ein, ohne daß sie Bedingungen stellt.

Gastfreundschaft will andere nicht in erster Linie ändern, sondern einen Raum anbieten, in dem Veränderung möglich wird (vgl. Zerfaß, 25). Aber dieser Freiraum ist zeitlich befristet. Und gerade weil Gastfreundschaft zeitlich befristet ist, setzt sich Maria Jesus zu Füßen. Sie verliert ihre Zeit nicht mit äußeren Behaglichkeiten. Sie will dem Gast begegnen und im Gespräch mit ihm das Geheimnis ihres Lebens entdecken. Seelsorge heißt, wirklich miteinander sprechen, nicht endlos herumsitzen, sondern auf das Wesentliche kommen, so sprechen, daß das Leben sich aufhellt und Begegnung möglich wird.

e. An das Gute im andern glauben (Lk 19,1–10)

Um Gastfreundschaft geht es auch in dieser Geschichte. Zachäus, der Oberzöllner, war bei den Juden unbeliebt, ja er war als Sünder ausgestoßen aus der Gemeinschaft der Frommen. Er war klein von Gestalt. Vielleicht hatte er Minderwertigkeitskomplexe und versuchte sie dadurch zu kompensieren, daß er immer mehr Geld scheffelte. Aber das löste den Teufelskreis von Minderwertigkeit, Angeben und Abgelehntwerden nicht auf, im Gegenteil, es verschärfte ihn noch mehr. Je mehr Geld Zachäus verdiente, desto mehr wurde er verhaßt und verachtet. Zachäus steigt nun auf einen Maulbeerfeigenbaum, um Jesus zu sehen. Der Maulbeerfeigenbaum galt bei den Juden als ein wertloser Baum. Er wurde so gering geachtet, daß es sogar als unehrenhaft galt, mit ihm in Berührung zu kommen (Sanford, 85). Zachäus macht hier schon den ersten Schritt zu einer möglichen Heilung. Er gibt seine Minderwertigkeit zu, er steigt auf das, was in ihm verachtet und wertlos war. Er gibt seine äußere Maske auf und zeigt vor allen Menschen sein wirkliches Wesen: das Kleine und Verachtete, das er bisher mit viel Geld zu kompensieren suchte. Als Jesus ihn sieht, ergreift er die Initiative und lädt sich selbst bei ihm als Gast ein. Daß Jesus, der Messias, bei ihm, der von allen Frommen als Sünder verachtet war, einkehrt, ist für ihn eine große Ehre. Einkehren, Mahl halten miteinander, das ist ein Zeichen von intensiver Gemeinschaft, von bedingungslosem Angenommensein. Jesus will Zachäus nicht bekehren, er will ihm begegnen, er will sein Gast sein. Er nimmt ihn an, wie er ist. Und er traut ihm zu, daß er sich ändern kann. Er macht ihm keine Vorwürfe, sondern macht ihm das Angebot, mit ihm gemeinsam

Mahl zu halten. Diese voraussetzungslose Annahme verändert Zachäus tatsächlich. Jetzt beschämt er die Frommen, die ihn bisher abgelehnt und verurteilt haben. „Herr, die Hälfte meines Vermögens will ich den Armen geben, und wenn ich von jemand zu viel gefordert habe, gebe ich ihm das Vierfache zurück." Jesus hat das von ihm nicht verlangt. Er hat ihn nur als Mensch geachtet. Aber jetzt ist Zachäus bereit, sich zu ändern und das Geld, das bisher seinen Wert ausmachte, herzugeben. Weil er als Mensch von Jesus geachtet wird, braucht er das Geld als Ersatz für seinen mangelnden Wert nicht mehr. Er kann es nun verschenken, weil er sich selbst durch Jesus geschenkt worden ist.

Seelsorge meint hier, an den guten Kern im andern zu glauben, durch das Schwache und Verachtete hindurchzusehen auf den guten Kern oder zumindest auf die Sehnsucht, gut zu sein. In jedem steckt so eine Sehnsucht, gut zu sein. Jeder sehnt sich danach, ein Mensch zu sein, gut, wertvoll, geliebt und geachtet zu sein. Viele gehen falsche Wege, um ihre Achtung zu erringen. Aber die Sehnsucht nach Achtung ist echt. Jesus verurteilt nicht den falschen Weg, sondern er spricht die Sehnsucht an, er glaubt an den guten Kern in Zachäus. Und das verwandelt. Gastfreundschaft schafft so einen Raum des absoluten Angenommenseins. Und in solchen Räumen werden Wunder von Wandlung und Heilung wahr. Da werden harte Herzen weich und Menschen, die auf ihrem Geld sitzen, geben es her. Der Glaube an den guten Kern hat verwandelnde Kraft. Er ist stärker als die negative Hülle des Unglaubens, auf den wir häufig stoßen. Anstatt über den Unglauben der andern zu jammern, sollten wir wie Jesus durch unsern Glauben den guten Kern in den Menschen hervorlocken und so in ihnen Glauben wecken.

Häufig müssen wir gegen den Schein an den guten Kern im anderen Menschen glauben. Aber es lohnt sich. Als ich einmal für eine neunte Klasse einen Kurs hielt, war ich beim ersten Anblick der Jugendlichen erschrocken über die Unlust, die ihnen ins Gesicht

stand. Die erste Reaktion war: Was soll ich mit denen denn machen, das hat doch alles keinen Zweck. Aber dann versuchte ich, mich in sie hineinzubeten. Immerhin sind sie hierher gekommen. Irgendeine Sehnsucht muß doch in ihnen sein. Irgendwie sehnen sie sich doch nach Gott. Auf meine Ankündigung, daß ich etwas zum Thema Beten machen wolle, kam erst einmal Protest. Ich ließ mich nicht beirren und meinte, das würde ihnen schon gut tun. Und es war erstaunlich, wie es ihnen gut tat, wie sie auf einmal von ihrem persönlichen Beten sprachen. Aber ich merkte, daß ich in meinem Glauben oder Unglauben verantwortlich bin für die andern. Wenn ich in meinem Unglauben geblieben wäre, dann wäre ich in meiner Ansicht bestätigt worden, daß mit diesen Jugendlichen nichts anzufangen wäre. Und die Jugendlichen wären in ihrer Meinung bestätigt worden, daß es sich mit der Kirche nicht lohne. Der Glaube durchbricht solche negativen Bestätigungen. Er schafft einen Raum, in dem der andere seinen eigenen Glauben entdecken kann, ohne daß ich ihn davon zu überzeugen suche.
Bei einer Aushilfe war ich über die Pfarrgemeinde sehr enttäuscht. Ich hatte den Eindruck, hier wäre nichts los, alle gingen nur aus reiner Tradition in die Kirche. Und ich stand verärgert in der Sakristei und sah die Leute mit verschlossenen Mienen in die Kirche gehen. Doch dann versuchte ich, gegen diesen Eindruck zu beten und mir vorzustellen, daß sie doch ein Stück Sehnsucht nach Gott in sich tragen, daß sie nicht aus bloßer Routine zum Gottesdienst kamen. Da hatte ich auf einmal keine Lust mehr, ihnen eine Standpauke zu halten, sondern ich sprach ihre Sehnsucht an. Und nach der Predigt hatte ich das Gefühl, daß da etwas aufgebrochen wurde. Aber auch hier spürte ich wieder meine Verantwortung. Seelsorge braucht einen Glauben, der wie Jesus das Gute hervorlockt, der den andern nicht auf seinen negativen Eindruck festlegt, der sich von der Arroganz und vom übertriebenen Angeben nicht blenden läßt, sondern die Not des sich minderwertig Fühlenden darin spürt. Dieser Glaube kann verwandeln und aus einem Za-

chäus, der zeit seines Lebens nur dem Geld nachgelaufen und allen auf die Nerven gegangen ist, einen Menschen machen, der bereit ist, die Hälfte seines Vermögens herzugeben, der sich freut über die Gegenwart Jesu und so in seinem Herzen wieder für Gott aufgebrochen wird.

Seelsorge ist also in erster Linie eine Sache des Glaubens, nicht der Methode. Wenn viele Priester sich ständig darüber beklagen, daß die Leute kein Interesse für Gott hätten, daß die Welt gottlos sei und daß es immer schlechter werde, ist das häufig auch Ausdruck des eigenen Unglaubens. Ich traue mir selbst keinen Glauben mehr zu und den Menschen auch nicht. Natürlich können wir den Erfolg unserer Seelsorge nicht messen, weder am Kirchenbesuch noch an der Moral der Gemeinde. Aber wenn ich mir etwas zutraue, kann ich auch den Menschen etwas zutrauen. Das habe ich immer wieder in unserer Jugendarbeit erfahren. Unsere Kurse für Jugendliche sind sehr fordernd. Beim Osterkurs etwa ist um 5.30 Uhr Aufstehen, und dann singen die Jugendlichen mit den Mönchen 90 Minuten lang Psalmen. Und den ganzen Tag über ist Gruppenarbeit, Anbetung, Meditation usw. Und es geschieht etwas in den Jugendlichen. Bei meiner Mitarbeit in der Jugendseelsorge der Diözese habe ich oft gespürt, daß die Verantwortlichen Angst haben, von sich und von den Jugendlichen etwas zu fordern. Und dann wird es auch dementsprechend oberflächlich. Es geht nicht darum, nur Disziplin zu fordern und wieder zu den „guten alten Zeiten“ zurückzukehren. Mit Disziplin allein sind Jugendliche nicht zu begeistern. Es geht vielmehr darum, sie herauszufordern, den guten Kern in ihnen hervorzulocken. Das geht aber nur, wenn ich daran glaube und wenn ich meinen eigenen Glauben für so wertvoll halte, daß ich den jungen Menschen daran Anteil geben möchte.

f. Das Leben umdeuten (Lk 24,13–35)

Die Begegnung der beiden Jünger mit dem Auferstandenen auf dem Weg nach Emmaus ist nicht nur eine Ostergeschichte und nicht nur eine Deutung von Eucharistie, sondern auch ein schönes Bild von Seelsorge. Zwei Jünger sind auf dem Weg nach Emmaus. Sie laufen vor ihrer Enttäuschung davon. Sie hatten ihre Hoffnung auf Jesus gesetzt. Doch nun ist ihre Hoffnung ans Kreuz geschlagen worden. Jetzt bleibt ihnen nichts anderes übrig als den Ort der Enttäuschung hinter sich zu lassen. Wie diese zwei Jünger kommen wohl viele zu uns, die enttäuscht sind von ihrem Leben. Ihre Hoffnung war vielleicht ähnlich wie die der Emmausjünger. Was die Jünger von Jesus erhofft hatten, das erwarteten sie von sich. Sie wollten „mächtig in Wort und Tat vor Gott und dem ganzen Volk“ sein. Sie wollten stark werden, auftreten können, sicher sein, etwas gelten, anerkannt und bedeutsam sein. Aber nun ist ihr eigenes Selbstbild durchkreuzt worden. Jetzt sind sie auf die Nase gefallen, ihr eigenes Selbst, das so groß und stark sein sollte, ist ans Kreuz geschlagen worden. Nun sind sie enttäuscht und laufen vor sich selbst davon.

Aber immerhin reden die beiden Jünger noch miteinander. Und dieser gegenseitige Austausch über die Frustrationen ihres Lebens ermöglicht es Jesus, sich ihnen zuzugesellen und in ihr Gespräch einzutreten. Er verharmlost ihre Erfahrungen nicht, sondern läßt sie stehen. Er nimmt sie ernst, aber er deutet sie zugleich um. Er erklärt ihnen, „ausgehend von Mose und allen Propheten, was in der gesamten Schrift über ihn geschrieben steht“. Und er gibt ihnen den Schlüssel für das Verständnis seines Leidens und Sterbens am Kreuz an die Hand: „Mußte nicht der Messias all das erleiden, um so in seine Herrlichkeit zu gelangen?“ Das wäre auch der Schlüssel für seelsorgliche Gespräche. Wie Jesus mit den Menschen reden, das würde heißen: Ich nehme die Erfahrungen des Gesprächspartners ernst. Ich entwerte sie nicht. Ich versuche nicht, sie zu verharmlosen: „Das wäre doch alles nicht so schlimm. Er solle doch nur beten oder er solle nur auf das Positive in seinem Leben schauen. Dann wäre alles halb so schlimm." Ich versuche, die Erfahrungen vielmehr im Licht des Glaubens zu deuten, umzudeuten. Dabei kann ich dem Partner nicht meine Deutung aufzwingen. Gemeinsam mit ihm muß ich versuchen, seine Situation in einem andern Licht zu sehen. Ich kann ihn z.B. fragen, wie er seine Situation selber deute und ob das die einzig richtige Deutung wäre, ob er sich nicht auch eine andere Deutung vorstellen könne. Oder ich kann ihm wie Jesus einen Schlüssel für die Umdeutung seines Lebens an die Hand geben. Er solle versuchen, die Stationen seines Lebens einmal mit der Frage durchzugehen: „Mußte nicht der Messias all das erleiden, um einzugehen in seine Herrlichkeit?" Das könnte auch heißen: Mußte es nicht so mit dir kommen, daß es wirklich gut wird mit dir, daß du wirklich eingehst in deine Herrlichkeit, damit du wirklich zu dir findest, zu deiner wahren Gestalt, zu deinem eigentlichen Wesen? Vielleicht waren all die Enttäuschungen nötig, damit du Abschied nimmst von deinen Illusionen und nun in die Herrlichkeit Gottes eingehen kannst, daß du wirklich deine Form findest.

Bei einer Wanderung sind wir einmal den ganzen Tag mit diesem Satz gegangen: „Mußte nicht der Messias ..." Und wir haben im Licht dieses Satzes unsere Vergangenheit angeschaut. Wenn ich in alle Erfahrungen, die da in mir hochkommen, diesen Satz hineinspreche, dann verstehe ich auf einmal mein Leben. Es wird mir klar, und ich kann mich damit aussöhnen. Jesus selber deutet mir mein Leben um und schließt mir den eigentlichen Sinn auf.

Umdeuten wäre also eine wichtige Aufgabe der Seelsorge. Umdeuten heißt nicht beschönigen, nicht idealisieren, nicht moralisieren, sondern sehen, was ist, und versuchen, die Fakten so zu deuten, daß sie einen nicht beherrschen, nicht niederziehen und lähmen (vgl. Grün). Umdeuten kann im Gespräch geschehen, wenn wir so miteinander sprechen, daß der Partner auf einmal sein Leben neu

versteht, daß er es anders sehen lernt als zuvor, von Gott her und nicht von den Fakten allein, daß ihm die Augen aufgehen und er ja sagen kann zu seiner Vergangenheit und seiner Gegenwart.
Umdeuten geschieht aber auch in der Liturgie, in allen Riten. Die Sakramente deuten wichtige Ereignisse im Leben eines Menschen um. Das kirchliche Begräbnis ist eine Weise, das Faktum des Todes umzudeuten. Wo diese Umdeutung ausfällt, suchen Menschen verzweifelt nach anderen Deutungsversuchen. Offensichtlich kann der Mensch nur leben, wenn er sein ganzes Leben, von der Geburt bis zum Tod für sich angemessen zu deuten versteht. Was Umdeuten im Ritus meint, könnten wir an der Eucharistiefeier ablesen. Der Wortgottesdienst ist letztlich Umdeutung meines Lebens. Ich höre die Worte Gottes und konfrontiere sie mit meinem Leben, mit meinen Enttäuschungen und mit den guten Erfahrungen. Und im Hören der Frohen Botschaft könnte ich auf einmal verstehen, was mit meiner Vergangenheit gemeint war. Die Aufgabe der Predigt wäre, das Wort Gottes und die Erfahrungen der Menschen miteinander ins Gespräch zu bringen, die Erlebnisse im Licht der Bibel umzudeuten und dem Zuhörer zu ermöglichen, sein Leben zu bejahen und den Sinn zu erkennen. Eucharistie wäre dann keine fromme Flucht vor den Enttäuschungen des Lebens, sondern ein Ernstnehmen und zugleich Umdeuten der konkreten Erfahrungen. Wenn einer sein Leben verstehen kann, dann braucht er nicht mehr davonzulaufen, dann kann er sich damit aussöhnen. Eucharistie ist aber gerade als Feier von Tod und Auferstehung Jesu die radikalste Umdeutung unseres Lebens. Da wird der Tod, der unser Leben bedroht, und mit dem Tod alles Negative unseres Lebens, alles, was uns durchkreuzt, was uns am Leben hindert, umgedeutet zu einem Ort, an dem Leben aufbrechen kann, an dem Tod in Auferstehung umschlägt.
Als die Jünger das Dorf erreichen und Jesus weitergehen will, da drängen sie ihn: „Bleib doch bei uns; denn es wird bald Abend, der Tag hat sich schon geneigt." „Da ging er mit hinein, um bei ihnen zu

bleiben." Oft genug bitten uns Menschen, bei ihnen zu bleiben, weil sie Angst vor der Nacht haben, Angst vor der Nacht des Todes, vor der Nacht der Einsamkeit, vor der Nacht des Unverstandenseins. Sie spüren, daß ihr Tag sich neigt, daß sie auf den Tod zugehen. Jetzt brauchen sie jemand, der bei ihnen bleibt, damit die Nacht nicht drohend über sie hereinfällt. Jesus läßt sich bitten. Er geht mit hinein, um bei ihnen zu bleiben. In das Haus des andern eintreten, die Dunkelheit mit ihm teilen, einfach bei ihm bleiben, bei ihm ausharren, das ist ein wichtiges Bild von Seelsorge. Jesus hält keine Reden, er versucht nicht, ihnen ihr Leben weiter zu erklären oder ihnen die Angst zu nehmen. Er bleibt nur bei ihnen. Das genügt. Und er tut etwas, das ihnen alle Angst nimmt. Er bricht das Brot, lobt Gott und teilt mit ihnen das Brot. Da gehen den Jüngern die Augen auf, und sie erkennen ihn. Das Brotbrechen ist das Kennzeichen Jesu. Es ist Bild für die Eucharistie, in der Jesus im Brot sich selbst uns mitteilt. Und es ist Bild für Seelsorge. Indem wir das Brot brechen, teilen wir unser Leben miteinander. Weil wir in der Eucharistie das Brot des Lebens gegessen haben, können wir nun füreinander zum Brot werden, das den andern stärkt. Im Brechen des Brotes, im Teilen unseres Lebens miteinander haben wir teil am Leben Christi selber. Da begegnen wir dem Auferstandenen. Da ist Christus selber unter uns als der, der den Tod und unsere Angst überwunden und den Tod in Leben verwandelt hat.

Jetzt, da die Jünger Jesus erkennen, verstehen sie auch das Gespräch neu. Jetzt können sie sich erklären, warum ihr Herz brannte, als Jesus ihnen den Sinn der Schrift erschloß. Jetzt geht ihnen auf, was sie unterwegs schon geahnt hatten, daß es der Herr selbst war, der mit ihnen geredet hat und nicht irgendein Fremder. Die Begegnung mit dem Auferstandenen gibt ihnen nun Mut und Kraft, zurückzukehren an den Ort ihrer Enttäuschung. „Noch in derselben Stunde brachen sie auf und kehrten nach Jerusalem zurück." Und sie erzählten den versammelten Jüngern, „was sie unterwegs erlebt und wie sie ihn erkannt hatten, als er das Brot brach". Jetzt wird Kirche lebendig, Kirche als Erzählgemeinschaft. Jeder erzählt, was er mit Gott erlebt hat, was Gott an ihm getan hat. Es ist keine Jammergemeinschaft mehr wie am Anfang der Erzählung, da einer dem andern nur vorjammerte, wie schlimm alles sei. Jetzt erzählen sie, was Gott an ihnen tut. Jetzt stärken sie einander in ihrem Glauben. Sie können jetzt ihre Vergangenheit gemeinsam anschauen und gemeinsam anders sehen. Diese gemeinsame Umdeutung ihrer Erfahrungen schafft Kirche. Seelsorge ist nach diesem Modell nicht Belehren und Überzeugen des Ratsuchenden durch den Seelsorger, sondern gemeinsames Erzählen, gemeinsames Umdeuten. Wenn wir unsere Erfahrungen miteinander im Licht der Schrift anschauen und umdeuten, dann entsteht da ein Austausch von Erfahrungen. Jeder beschenkt den andern, jeder hat dem andern etwas mitzuteilen. Und wir verstehen nicht nur gemeinsam unser Leben neu, sondern das Geheimnis Gottes selber, das Geheimnis Jesu Christi, seines geliebten Sohnes. Dann können wir wirklich Mahl halten. Wir essen dann miteinander von dem Brot, das Christus selber uns bricht und in dem er selbst sich uns schenkt. Das gemeinsame Mahl ist Ziel jeder Seelsorge. Gemeinsam können wir im Mahl Jesu Güte und Menschenfreundlichkeit erfahren. Wenn Christus in unserer Mitte ist, dann wird uns alles klar, dann belehrt nicht einer den andern, sondern wir werden eins in der Liebe Jesu Christi.

g. *Es ist der Herr (Joh 21,1–14)*

In dieser Auferstehungsgeschichte begegnet Jesus den Jüngern mitten in ihrem Alltag, in ihrer Arbeitswelt. Petrus fordert einige von den Jüngern auf, mit ihm zu fischen. Sie folgen seinem Aufruf, aber sie fangen nichts. Ihr Tun bleibt vergeblich, solange es nur dem Willen des Petrus entspringt. Die Nacht war umsonst. Jetzt kehren die Jünger am frühen Morgen heim. Es ist grauer Morgen und Jesus steht am Ufer. Doch sie erkennen ihn nicht. Er steht am Ufer, er kommt aus einer andern Welt. Er bricht ein in ihre arbeitswütige Welt, in ihre Nacht. Und er sagt ihnen: „Werft das Netz auf der rechten Seite des Bootes aus, und ihr werdet etwas fangen." Sie sollen das Gleiche nochmals tun, aber jetzt auf seinen Befehl hin und sie sollen die Netze auf der rechten Seite auswerfen, sie sollen es richtig machen. Sie sollen nicht ihrer Laune folgen, sondern auf der rechten, auf der bewußten Seite fischen. Sie sollen sinnvoll und überlegt ans Werk gehen. Und jetzt auf einmal ist das Netz voll von großen Fischen. Da erkennt der Jünger, den Jesus liebte: „Es ist der Herr!" Er spürt, daß der Erfolg des Fischfanges nicht ihr Werk ist, sondern daß es der Herr selbst ist, der sie da ausgesandt hat. Der Jünger, den Jesus liebt und der ihn liebt, spürt, daß es um Jesus geht bei ihrem Tun. Petrus braucht den Jünger, der ein Herz hat und liebt, um Jesus zu erkennen. Und jetzt stürzt er sich in den See. Zuerst zieht er sein Obergewand an, weil er nackt war. Er muß erst mit allem, was er hat, auch mit seiner persona, mit seiner Maske, durch das Wasser hindurch, um auf Jesus zugehen zu können. Er muß zuerst getauft, verwandelt werden. Sein Verstand und Wille muß erst mit dem Unbewußten, mit dem Wasser verbunden werden, damit er Jesus erkennt.

Als die Jünger auf Befehl Jesu die Fische ans Land ziehen, sind es 153 große Fische. Aber obwohl es so viele waren, zerriß das Netz nicht. 153 ist eine symbolische Zahl. Evagrius Ponticus erklärt sie so: 100 ist das Quadrat, 28 das Dreieck und 25 die Kugel (vgl. Evagrius Ponticus, 86). Die Zahl meint also, daß alle Gegensätze miteinander eins werden, daß Kugel, Quadrat und Dreieck nun zu einer Einheit zusammengefügt werden. Wenn die Jünger also auf Befehl Jesu das Netz auf der rechten Seite auswerfen, dann verbinden sich die Gegensätze miteinander, dann wird alles rund und ganz. Was sich sonst in unserem Leben stößt, das versöhnt sich, was zusammenhanglos nebeneinander steht, wird zu einer Einheit. Unser Leben gelingt, es wird ganz. Wir können uns aussöhnen mit unseren Gegensätzen, wir finden zu unserer Ganzheit.

Fischen ist nicht nur Alltagsarbeit, sondern auch Bild für Seelsorge. Jesus spricht im Lukasevangelium, daß die Jünger zu Menschenfischern werden. Dann würde die Geschichte bedeuten: Wir sollen nicht in der Nacht und nicht auf eigenen Antrieb hin unsere Netze auswerfen, sondern auf den Befehl Jesu hin. Und wir müssen das Netz auf der rechten Seite auswerfen, wir müssen es also bewußt tun, bewußt überlegen, was für die Menschen gut ist, was sie brauchen und wie wir ihnen begegnen wollen. Und die dritte Bedingung ist, daß wir wie der Lieblingsjünger erkennen: „Es ist der Herr." Es ist nicht in erster Linie unser Bemühen, das zählt, sondern die Gegenwart des Auferstandenen. Seelsorge heißt nicht, die psychologischen Methoden guter Gesprächsführung beherrschen, aus eigenem Wissen und Können heraus mit anderen sprechen, sondern sie besteht vor allem darin, daß der Auferstandene gegenwärtig ist. Ja, Seelsorge meint, die Gegenwart des Auferstandenen erfahrbar zu machen. Wenn uns im gemeinsamen Gespräch aufgeht: es ist der Herr, dann geschieht wirkliche Seelsorge, dann bewirkt der Herr im anderen Menschen Heilung und Aussöhnung der Gegensätze. Dann gehen ihm die Augen auf, und es wird ihm alles klar. Die Gegenwart des Herrn ist der Hintergrund, auf dem all unser seelsorgliches Tun geschieht. Sie ist nicht immer bewußt. Auch beim morgendlichen Mahl am Kohlenfeuer wird die Gegenwart des Auferstandenen nicht thematisiert. Keiner wagt zu fragen: „Wer bist du? Denn sie wußten, daß es der Herr war." Nicht indem wir immer von Jesus sprechen, erfahren wir die Gegenwart des Herrn, sondern indem wir sie in allem, was wir tun, erahnen. Da kann es eine Hilfe sein, immer wieder mitten im Gespräch, mitten in der Eucharistie, mitten in der Versammlung sich vorzusagen: Es ist der Herr. Er ist jetzt wirklich hier. Um Ihn geht es allein. Er ist die eigentliche Wirklichkeit. Wenn wir im Bewußtsein miteinander sprechen: Es ist der Herr, dann wird Neues aufbrechen, dann lichtet sich der graue Morgen, und am Ufer steht Jesus, der uns gemeinsam einlädt zum Mahl. Dann dürfen wir auf einmal 153 große Fische an Land ziehen, dann werden sich die Bruchstücke des Lebens zusammenfügen und wir dürfen staunend bekennen: Es ist der Herr selbst, der hier wirkt.

3. Gleichnisse

Nicht nur in den Heilungs- und Begegnungsgeschichten der Bibel wird deutlich, was Seelsorge meint, sondern auch in den Gleichnissen. Viele Gleichnisse wollen die Botschaft Jesu selber verdeutlichen. Darum soll es jetzt nicht gehen. Wir wollen in den Gleichnissen einmal darauf achten, wie Jesus von der Welt spricht, wie er das konkrete Leben der Menschen so schildert, daß es offen wird für Gott. Die Gleichnisse sprechen eine sehr weltliche Sprache. Von Gott ist da zumeist gar nicht die Rede. Und doch spricht Jesus vom konkreten Alltag so, daß die Zuhörer Gott verstehen, daß ihnen auf einmal klar wird, wer Gott ist und was das Geheimnis ihres Lebens ist. So sollen die Gleichnisse uns einen Weg weisen, wie wir in der Seelsorge vom Menschen und wie wir von Gott reden sollen. Und zum andern wollen wir die Gleichnisse daraufhin befragen, was wir in unserer Seelsorge den Menschen vermitteln wollen. Auch hier können wir nur ein paar Gleichnisse als Bilder von Seelsorge heranziehen.

a. Einander barmherzig sein (Lk 10, 30–35)

Das Gleichnis vom barmherzigen Samariter kann eine Aufforderung zur konkreten Nächstenliebe sein. Es wurde aber von den Kirchenvätern auch als Bild für die Erlösung durch Jesus Christus verstanden. Dann ist Jesus der Samariter, der göttliche Wanderer, der auf der Reise ist. Und wir sind die, die unter die Räuber gefallen sind. Wir fühlen uns ausgeplündert und wund geschlagen. Das Leben hat uns ausgeraubt. Wir sind ausgepumpt, leer. Man hat uns unser Vermögen geraubt. Enttäuschungen mit Menschen haben mich umgeworfen, eigenes Versagen hat mich zu Boden stürzen lassen. Freunde haben mir Wunden geschlagen. Ich mußte erfahren, daß ich links liegen gelassen wurde, daß man mich einfach übersehen hat, als es mir schlecht ging, als ich nicht mehr selber aufstehen konnte. Alleingelassen liege ich nun am Wegrand, halbtot und verwundet. Alle gehen an mir vorüber. So fühle ich mich allein, übersehen, hilflos, ohnmächtig. Ich kann mir nicht selber helfen. Ich habe keine Kraft, mich aufzurichten. Die Wunden drücken mich nieder. Man hat mir alle Kraft geraubt. So sieht mich Jesus am Wegrand liegen. Er geht auf mich zu und hat Mitleid mit mir. Er übersieht mich nicht, sondern er fühlt sich in mich hinein. Er läßt sich von mir verwunden. Er läßt mich bei sich eintreten, er hat ein Herz für mich.

Er wurde in seinen Eingeweiden ergriffen, heißt es im Griechischen. Die Eingeweide sind der Ort der verwundbarsten Gefühle (vgl. Nouwen). Dort läßt uns Jesus eintreten. Dann geht er auf uns zu, gießt Öl und Wein auf unsere Wunden und verbindet sie. Öl und Wein, das sind einmal Zeichen seiner Liebe, dann aber auch Bilder für die Eucharistie. Das Brot, das mit Öl gebacken wird, und der Wein, der in das Blut Jesu Christi verwandelt wird, werden uns im heiligen Mahl der Eucharistie gereicht und darin gießt Jesus selbst sich in unsere Wunden ein, seine Liebe, seine Barmherzigkeit, seinen Leib und sein Herz.

„Dann hob er ihn auf sein Reittier, brachte ihn zu einer Herberge und sorgte für ihn.“ Das Reittier, auf das uns Jesus hebt, ist für die Kirchenväter sein Leib. In seiner Menschwerdung lädt er uns sich selber auf und trägt uns zum Vater. Er hebt uns auf und nimmt uns mit bis ans Kreuz, wo er uns dem Vater übergibt. Dort setzt er uns in der Herberge des Vaters ab, in dem Raum Gottes, in dem unsere

Wunden ausheilen können. Dann gibt er dem Wirt zwei Denare, daß er für ihn sorge. Die zwei Denare sind für die Kirchenväter die Gottes- und Nächstenliebe, oder auch die göttliche und menschliche Natur. Christus gibt sich selbst dem Vater, daß er für uns Wundgeschlagene und Ausgeplünderte sorgen möge. Und er gibt uns ein Gebot, durch das wir wieder heil werden können: die Liebe zu Gott und zum Nächsten.

Wenn wir das Gleichnis mit den Kirchenvätern als Bild für das Tun Jesu an uns verstehen, können wir es auch als Bild von Seelsorge sehen. Dann würde Seelsorge heißen, daß wir wie Jesus auf die Menschen zugehen, die wund am Weg liegen, die ausgeplündert sind vom Leben, die alleingelassen sind und sich nicht selber helfen können. Der von den Räubern Überfallene kann nicht von sich aus auf uns zukommen. Da müssen wir wie Jesus aus unserer Heimat herauskommen und den ersten Schritt tun. Und Seelsorge heißt, Mitleid haben, den andern mit unserer Liebe Öl und Wein in ihre Wunden gießen und sie auf uns nehmen und mit uns tragen. Eine Zeitlang müssen wir den Verwundeten auf uns nehmen und mit uns herumtragen. Aber wir müssen es nicht zeit unseres Lebens. Denn damit wären wir überfordert. Viele gehen an den von den Räubern Überfallenen vorüber, weil sie Angst haben, sich damit zu überfordern, zu überladen. Doch Jesus verlangt von uns nicht, daß wir den andern immer mit uns herumschleppen, sondern daß wir ihn bis zur nächsten Herberge tragen, daß wir ihn hineintragen in den Raum Gottes (vgl. Goritschewa). Nicht wir können ihn heilen, sondern Gott allein. Seelsorge besteht darin, den andern so weit zu tragen, bis er in der Herberge Gottes selber ausruhen und ausheilen kann. Das entlastet uns, das zeigt aber auch, daß allein Gott es ist, der zu heilen vermag. Wir können nur Samariter werden, die auf den Verwundeten zugehen, Mitleid mit ihm haben, Öl und Wein in seine Wunden gießen und ihn uns aufladen und zur Herberge des Vaters tragen. Alles andere wird Gott selbst tun.

b. Wachsen lassen (Mt 13)

Die Himmelreichsgleichnisse in Mt 13 sind Bilder für die Ausbreitung der Gottesherrschaft im Menschen. Daß Gott Raum im Menschen bekommt, das ist ja auch das Ziel jeder Seelsorge. So beschreiben die Gleichnisse die Aufgabe und die Wirkung der Seelsorge.

Der Samen, der auf verschiedenen Boden fällt, ist das Wort Gottes, das wir verkünden. Der Sämann ist Christus selbst, es kann aber auch der Seelsorger sein. Beim einen fällt der Samen auf den Weg. Er findet keine Wurzeln. Wir verkünden das Wort Gottes, aber letztlich reden wir an den Menschen vorbei. Sie hören uns zwar, aber sie verstehen nicht oder zumindest zeigt unsere Predigt keinerlei Wirkung. Bei andern fällt der Samen auf felsigen Boden. Das sind die Menschen, die sich schnell begeistern lassen, die vom schönen Gottesdienst schwärmen und von der zündenden Predigt. Wir meinen, endlich hätten wir mal Erfolg mit unserer Seelsorge. Aber sobald ihnen Gegenwind ins Gesicht bläst, sobald die ersten Schwierigkeiten kommen, ist von der Frohen Botschaft nichts mehr zu spüren. Wir stehen oft verständnislos vor solchen Menschen. Aber sie haben eben keine Wurzeln. Das Wort geht nicht tief genug. Bei andern fällt das Wort in die Dornen. Es sind Menschen, die unsere Botschaft sehr gut verstehen, die sich vielleicht daran erbauen und sie gerne hören. Aber sobald sie daheim sind, sind die täglichen Sorgen wichtiger, die Sorge um die Familie, die Sorge um den Beruf, um den Besitz. Und auch hier zeigt unser seelsorgliches Wirken keine Frucht. Doch es gibt auch Menschen, bei denen das Wort Gottes auf fruchtbaren Boden fällt. Und dort bringt es viele Frucht, hundertfach oder sechzigfach oder dreißigfach. Das ist ein Trost für jeden Seelsorger. Was wir an gutem Samen ausstreuen, ist nicht umsonst. Es gibt Menschen, bei denen es auf fruchtbaren Boden fällt. Da zeigt sich eine Veränderung. Aber oft zeigt sich der fruchtbare Boden nicht sofort. Der Same braucht lange, bis er die

Erde durchstößt und die Frucht sichtbar wird. So sehen wir oft nicht, daß die Worte fruchten. Und doch erinnern sich Menschen oft Jahre danach an manche Worte. Und auf einmal bestimmt sie das Wort, verändert es ihr Leben.

Eine ähnliche Erfahrung spricht Jesus im Gleichnis vom Unkraut unter dem Weizen an. Wir sind es nicht allein, die Samen ausstreuen, es gibt auch die Feinde, die Unkraut säen. Die Menschen sind vielen Einflüssen ausgesetzt. Da sind unsere Worte zu schwach und leise bei all dem Lärm, der heute auf die Menschen eindringt. Und doch will uns das Gleichnis Mut machen. Der gute Samen, den wir ausgesät haben, wird sich durchsetzen. Und das Unkraut kann den Weizen nicht verderben. Im Gegenteil, vielleicht ist er sogar der Mutterboden für den Weizen. Am Ende der Welt, da wird das Unkraut gesammelt und verbrannt. Der Weizen aber wird in Gottes Scheune gebracht. Wir dürfen darauf vertrauen, daß wir nicht umsonst aussäen, sondern daß der Weizen mitten unter dem Unkraut dieser Zeit wächst und heranreift und daß am Ende eines jeden Lebens genügend Frucht in die Scheune eingebracht werden kann.

Das Gleichnis sagt aber noch etwas anderes. Das Unkraut ist ein Bild für den Schatten, für das Dunkle und Feindliche in uns. Jesus verbietet uns, das Unkraut auszureißen. Wir dürfen den Schatten nicht verdrängen oder gar abschneiden. Wir sollen uns damit aussöhnen. Der Schatten ist der fruchtbare Wurzelgrund, auf dem der Weizen groß und schön heranreifen kann. Seelsorge im Sinne des Gleichnisses würde bedeuten, daß wir nicht ständig gegen Sünde und Schuld angehen und darüber predigen, sondern vor allem darauf bedacht sind, dem Weizen eine Chance zu geben, indem wir das Positive ansprechen und hervorlocken. Wenn wir nur darauf bedacht sind, die Fehler in den Menschen auszurotten, dann werden wir mit den Fehlern auch den Weizen herausreißen. Jesus warnt mit diesem Gleichnis vor dem bloßen Moralisieren, in dem wir ständig gegen die Sünde schimpfen und uns nur mit dem

Negativen beschäftigen. Das ist immer ein Zeichen, daß wir Angst vor dem eigenen Schatten haben und diese Angst auf die Menschen projizieren. Wenn wir alle Aufmerksamkeit auf das Böse richten, dann kann der Weizen nicht wachsen. Das Unkraut darf sein, es kann dem Weizen nicht schaden, wenn wir im Vertrauen auf Gott leben. Wer nur das Unkraut ausreißen will, wer nur danach strebt, alle Fehler aus sich auszurotten, bei dem wird der Weizen auch nur kümmerlich wachsen. In einer moralisierenden Seelsorge ist es jedoch offensichtlich nicht so wichtig, daß der Weizen verkümmert. Hauptsache, das Unkraut ist weg. In der Seelsorge, die sich auf Jesus berufen will, sorgen wir uns darum, daß der Weizen hoch aufwächst. Das Unkraut lassen wir zu, beachten es aber nicht. Wir kämpfen nicht gegen den Schatten, sondern nehmen ihn als fruchtbaren Grund für das Gute, das sich in uns entfalten will.

Wir könnten auch sagen, das Gleichnis predige eine weibliche Form von Seelsorge: Seelsorge als Wachsenlassen gegenüber der Seelsorge, die in männlicher Weise gegen das Böse kämpft und es zu überwinden sucht. Unsere Seelsorge soll beide Pole in sich verbinden: anima und animus, das Zulassen und das Kämpfen, das Wachsenlassen und das aktive Formen und Gestalten. Vielleicht können uns Frauen in der Seelsorge die weibliche Weise, mit Menschen umzugehen, zeigen. Da haben sie uns etwas voraus. Die Seelsorge in den letzten Jahrhunderten war sicher eher männlich geprägt. Da ging es um den Kampf gegen die Fehler, um das Ausrotten von schlechten Gewohnheiten. Männlich ist auch das Organisieren und Verwalten, das Planen und Strukturieren in der Seelsorge. Weiblich wäre das Vertrauen in die Kräfte des Wachsens, die Gott in uns hineingelegt hat. Die frühe Kirche wußte noch etwas von dem mütterlichen Aspekt der Seelsorge. So schreibt Augustinus in seiner Taufkatechese: „Darum ist er (Jesus) ein Kind in unserer Mitte geworden und wie eine Mutter, die ihre Kinder versorgt (1 Thess 2,17). Ist es etwa – außer die Liebe verführt einen dazu – ein Vergnügen, Worte zu stammeln, die verkürzt und verstümmelt sind? Dennoch wünschen die Menschen sich Kinder, mit denen sie so umgehen. Einer Mutter macht es viel mehr Spaß, ihr Kind mit kleinen Häppchen zu füttern als selber zu essen. Und wir sollten auch nicht vergessen, wie eine Henne ihr Gelege mit feinen Federchen schützt und die piependen Jungen durch ihren halblauten Lockruf zusammenholt" (Zerfaß, 147). So wie Jesus mütterlich mit den Menschen umging, so stünde es auch dem Seelsorger gut an. Wie eine Mutter soll er darauf vertrauen, daß das Kind heranwächst und daß sich die Kinderkrankheiten schon legen, wenn er nur gut mit ihm umgeht.

Das Gleichnis vom Senfkorn, das zu einem Baum heranwächst, beschreibt das Wachsen des Glaubens im einzelnen Menschen. Lange spüren wir keine Veränderung durch den Glauben. Aber auf einmal werden wir doch zu einem Baum, an den andere sich anlehnen können, unter dessen Schatten sie sich geborgen fühlen und in dessen Zweigen die Vögel des Himmels nisten. Auf einmal wird es in uns und um uns herum lebendig. Da zwitschern die Vögel, da nisten sich Menschen ein, die sich in unserer Nähe wohl fühlen und in unseren Zweigen sich niederlassen wollen. Das Gleichnis kann aber auch ein Bild sein für die christliche Gemeinde. Lange merken wir nicht, daß die vielen Gottesdienste und Predigten, daß all die Seelsorgsversuche etwas bewirken. Doch auf einmal wird die Pfarrei zu einem Baum. Menschen werden davon angezogen. Sie lassen sich im Schatten der Gemeinschaft nieder, lehnen sich an ihren Baum und fühlen sich in ihren Zweigen lebendig und froh. Seelsorge braucht einen langen Atem, bis sie das Aufblühen des Baumes erlebt. Jesus will uns mit diesem Gleichnis Hoffnung machen, daß auch um uns herum so ein Baum aufblüht, ja daß wir vielleicht selbst zu einem Baum werden, in dessen Schatten sich viele geborgen wissen.

Ähnlich ist das Bild vom Sauerteig, den eine Frau unter einen großen Trog Mehl mischt, bis das Ganze durchsäuert ist. Der Sauerteig ist klein und unscheinbar gegenüber dem vielen Mehl.

Und doch durchsäuert er alles. Und am Ende ist ein Teig geworden, der ganz und gar vom Sauerteig durchdrungen und bestimmt ist. So säen wir in Geduld unseren Samen aus, ohne daß wir oft einen Widerhall spüren. Wir feiern in Treue unsere Gottesdienste, helfen, wo wir gebraucht werden, legen in der Predigt die Botschaft Jesu aus. Und doch spüren wir oft nicht, daß sich da etwas bewegt. Doch wir dürfen vertrauen, daß wir nichts umsonst tun, daß Gott selbst in unserer Seelsorge wirkt und allmählich das Mehl des einzelnen, aber auch einer ganzen Gemeinde durchsäuert und so verwandelt. Wenn wir das Bild dieses Gleichnisses bei unserem seelsorglichen Tun in uns tragen, dann werden wir uns mit Geduld und Zuversicht auf das Wort Gottes und auf die Menschen einlassen und einen Blick dafür bekommen, was sich in den Menschen regt, daß da Gottes Wort still und unbemerkt doch wirkt und alles verwandelt.

Nach den beiden Gleichnissen vom Schatz im Acker und von der kostbaren Perle besteht Seelsorge darin, den Menschen den inneren Reichtum aufzuzeigen und ihren Blick in das eigene Herz zu lenken. Denn dort liegt im Acker der Seele ein Schatz verborgen. Doch wir müssen ihn erst ausgraben, die Oberfläche erst durchbrechen und tiefer in uns hineingraben, damit wir diesen Schatz entdecken. Der Schatz, das ist Gott in uns. In unserem Seelengrund ist Gott selbst zu finden. Und wenn wir ihn finden, dann haben wir genug. Dann ist unsere Sehnsucht nach Reichtum und Besitz gestillt. Die Sehnsucht nach Besitz zielt ja letztlich auf dauernden Frieden und Ruhe. Doch kein äußerer Reichtum kann uns Frieden schenken. Das kann nur der Schatz im eigenen Acker oder die kostbare Perle, die ebenso ein Bild ist für den Gott in uns, oder wie C.G. Jung sagt, für das Selbst. Zum Selbst stoßen wir nur vor, wenn wir Gott in uns Raum geben. So zielt Seelsorge nicht zuerst darauf ab, die Menschen moralisch zu bessern oder sie von allen christlichen Wahrheiten zu überzeugen. Sie will den einzelnen vielmehr zu seinem eigenen Selbst führen, sie will ihm helfen, Gott in seiner

Seele zu entdecken und in Gott zu sich selbst zu finden. So ist Seelsorge immer mystagogisch, sie will hinführen zum Geheimnis Gottes und zum Geheimnis des Menschen. Sie will letztlich einen mystischen Weg führen, einen Weg in die Erfahrung Gottes, der auf dem Grund unserer Seele gefunden werden kann. Eine mystagogische Seelsorge setzt aber die mystische Erfahrung des Seelsorgers voraus. Der Seelsorger kann sich nicht hinter vielem Wissen oder hinter modernen Methoden verstecken, seine Erfahrung ist gefragt. Er muß selbst den Weg zum Geheimnis Gottes gehen. Dann wird er die Menschen nicht belehren, sondern er wird sie begleiten auf ihrem Weg in den eigenen Seelengrund. Der Weg über die Erfahrung ist ein geschwisterlicher Weg. Da tauschen sich alle miteinander aus. Und keiner steht über dem andern. Wenn er weiter in der Erfahrung ist, wird er auch die andern weiter führen können. Aber trotzdem ist er nie der Fachmann. Er läßt die andern an seiner Erfahrung teilnehmen und er hat an der ihren teil. Denn die Erfahrungen der einzelnen ergänzen sich und alle zusammen lassen immer mehr vom Geheimnis Gottes aufleuchten, von der kostbaren Perle, die in jeder menschlichen Seele ruht und durch unser Miteinander-Suchen in ihrem Glanz erstrahlen möchte.

c. Seine Würde wieder finden (Lk 15,8–10)

Das Gleichnis von der verlorenen Drachme wird von dem deutschen Mystiker Johannes Tauler so interpretiert, daß Gott in unser wohlgeordnetes Haus kommt und dort alles durcheinander wirft, um die verlorene Drachme zu finden. Haus ist ja ein Bild für unser Leben. In den Träumen taucht dieses Bild häufig auf, um unsere innere Struktur und unseren momentanen Zustand anzuzeigen. Unser Haus – so meint Tauler – ist mit Möbeln gut ausgestattet. Wir haben uns in unserem Leben eingerichtet, wir wissen, wo alles in unserem Hause steht, wo welche Möbel sind und wo wir das Nötige holen können. Wir kennen uns in unserem Leben aus, wir können gut auftreten vor andern, wir haben uns im Beruf unsern Platz erkämpft. Aber wir haben die Drachme verloren. Es waren zehn Drachmen, die die Frau hatte. Zehn Münzen gab im Orient der Bräutigam seiner Frau beim Eheschluß. Wenn die Frau eine Münze verlor, war das ein böses Zeichen für die Ehe. Zehn ist aber auch ein Bild für die Ganzheit des Menschen. Jesus will sagen, daß einer vor lauter äußeren Geschäften das Wichtigste verloren hat. Er hat sich veräußert. Er ist nicht mehr ganz, es fehlt ihm etwas. Vielleicht kommt er sich selbst verloren vor. Er hat seine innere Mitte, sein Wesen, seinen wahren Kern verloren. Das äußere Haus ist leer. Es fehlt der Schatz in ihm, es fehlt die zehnte Drachme, die den Menschen erst ganz macht.

Für Gregor von Nyssa weist die verlorene Münze „auf das Bild unseres Königs hin, der zwar noch nicht hilflos verloren, aber unter Schmutz verborgen ist" (Sanford, 166). Die Frau ist nach Gregor die Seele. Das Licht, das sie anzündet, bedeutet „zweifellos unseren Verstand, der ein Licht auf verborgene Prinzipien wirft" (165). Und wir müssen uns im eigenen Haus auf die Suche machen, denn die verlorene Drachme werden wir in uns selber finden, wenn wir mit dem Licht des Bewußtseins in das eigene Unbewußte hineinleuchten und unter der Oberfläche des äußeren Tuns die Münze finden. Gregor deutet das Gleichnis als Bild für die verschiedenen Kräfte in uns. Die Nachbarn, die die Frau zum Fest einlädt, sind für ihn die Hausgenossen der Seele, also innere Kräfte, unbewußte Seiten im Menschen. Diese Mächte in uns „werden, wenn das Bild des mächtigen Königs endlich in seinem Glanz enthüllt wird, das Bild, das der Schöpfer jedes einzelnen Herzens auf diese unsere Drachme aufgedruckt hat, für jene göttliche Freude und Festlichkeit verwandelt und werden auf die unaussprechliche Schönheit des Wiedergefundenen blicken" (166).

Seelsorge heißt nach diesem Gleichnis, daß wir die Menschen ermuntern, sich auf die Suche nach der eigenen Ganzheit zu machen. Wir dürfen sie begleiten auf dem Weg nach innen. Denn dort im Innern, in den Tiefen des Unbewußten, im eigenen Schatten, in dem, was wir normalerweise für schmutzig und wertlos halten, da liegt das Bild des Königs, das Bild Christi, in uns verborgen. Der Weg zur Ganzheit führt aber über das Durcheinandergeschütteltwerden. Wir dürfen den Menschen nicht alle Krisen ersparen. Und Tauler warnt davor, daß wir die Krisen zu schnell mit natürlichen Mitteln in den Griff zu bekommen suchen. Er meint, wenn wir die Krise natürlich lösen, dann wird sich die Kreatur in den Menschen einbilden. Er stößt dann nicht vor zu dem Gott, der auf dem Grund seiner Seele verborgen liegt. Wir sollen den Menschen nicht selber die Krisen nehmen, sondern sie darin begleiten und ihnen das Vertrauen schenken, daß Gott selbst in der Krise an ihnen wirkt und einiges durcheinanderwirft, damit die verlorene Drachme wieder gefunden werden kann, damit der Mensch die verlorene Ganzheit wieder findet. Finden muß der Mensch die Münze selbst. Wir können ihm nur dabei helfen, wir können die Möbel, die die verlorene Drachme verstellen, nur ein wenig aufheben, damit er dann selber sieht, was unter der Oberfläche seines erfolgreichen Lebens an Schmutz, aber gleichzeitig auch an Wertvollem verborgen liegt. Wir können die äußeren alltäglichen Ereignisse auf das Eigentliche hin befragen. Was steckt darunter, was ist da im Unbewußten verborgen? Seelsorge heißt also, nicht vorschnell ein rosiges Bild malen oder ein schönes Haus einrichten, sondern erst einmal alle Möbel von ihrem angestammten Platz verrücken und unter der Oberfläche des Alltags nach der verlorenen Drachme suchen. Das verlangt Mut zur Wahrheit. Und manch einer wird sich enttäuscht von uns abwenden. Aber wir können ihm seine Wahrheit nicht ersparen. Denn nur durch sie hindurch wird er seine Ganzheit finden, die verlorene Drachme, die Schönheit seiner Seele, wie sie von Gott her gemeint war.

4. Gespräche mit Jesus

Vor allem das Johannesevangelium erzählt uns lange Gespräche Jesu mit suchenden Menschen. In diesen Gesprächen führt Jesus die Gesprächspartner zu tiefen Einsichten in das Geheimnis Gottes. Wir möchten hier weniger auf den Inhalt der Gespräche eingehen, sondern auf die Art, wie Jesus mit den Menschen redet. Wir können diese Gespräche nicht einfach kopieren. Aber vielleicht erschließen sie uns doch wichtige Seiten des seelsorglichen Gesprächs und lassen uns neue Möglichkeiten des Sprechens entdecken.

a. Gespräch in der Nacht (Joh 3,1–13)

Nikodemus kommt nachts zu Jesus. Das kann ein Bild für seine Vorsicht oder Feigheit sein. Er will nicht von den andern Ratsherren gesehen werden. Es kann aber auch ein Bild für seine innere Situation sein. Die Menschen, die uns um ein Gespräch fragen, kommen auch häufig in ihrer Nacht. Es ist dunkel in ihrer Seele. Sie blicken nicht mehr durch. Gleichzeitig haben sie eine Ahnung, daß es doch ein Licht geben müßte, das ihre Finsternis erhellt. Sie suchen dieses Licht in der Nacht, dort, wo der Verstand allein nicht weiter weiß, wo er auf das Unbewußte hören muß, auf die Träume, die allein ihm dort Ratgeber sein können. Nikodemus beginnt mit einem Kompliment. Er beteuert, daß Jesus doch von Gott kommen muß, weil er so große Zeichen tut. Doch Jesus geht mit keinem Wort auf dieses Lob ein. Er spricht sofort vom eigentlichen Thema: „Wenn jemand nicht von neuem geboren wird, kann er das Reich Gottes nicht sehen." Dieses Thema legt sich von den Worten des Nikodemus her nicht nahe. Man könnte sagen, Jesus würde an Nikodemus vorbeireden, gar nicht auf ihn eingehen. Aber er geht auf seine eigentliche Frage ein, auf die, die er nicht stellt, auf die, die

ihn aber doch im letzten bewegt. Hinter dem, was Menschen zu Beginn eines Gespräches sagen, steckt oft eine ganz andere Frage, eine ganz andere Sehnsucht. Wir dürfen uns nicht von den Worten allein täuschen lassen. Wir müssen die Zwischentöne hören, wir müssen auf die Sehnsucht hören, die sich hinter den Worten verbirgt. Dazu braucht es sicher psychologische Kenntnisse, aber es braucht noch mehr ein Gespür für die eigentlichen Fragen des Menschen. Und das ist hier ja nicht eine psychologische, sondern eine theologische, eine Frage nach dem Grund seiner Existenz.
Nikodemus antwortet mit Zweifeln und Einwänden. Er versteht nicht, wie ein Mensch von neuem geboren werden kann. Jesus erklärt in seiner Antwort nicht, wie das geschehen kann, sondern er bekräftigt nur mit neuen Bildern das Geheimnis der Wiedergeburt. „Was aus dem Fleisch geboren ist, das ist Fleisch; was aber aus dem Geist geboren ist, das ist Geist." Wer an Christus glauben will, der muß aus dem Geist geboren werden. Er kann sich nicht mehr vom Fleisch her definieren, nicht mehr von dem, was er kann und weiß, nicht mehr von Arbeit und Erfolg, nicht mehr von Zuwendung und Bestätigung. Er hat eine neue Existenz. Jesus will ihn über das Sichtbare hinausführen in das Unsichtbare. Er will ihm das Geheimnis seiner Existenz erhellen. Der Grund, aus dem der Mensch eigentlich lebt, ist der Geist. In der Menschwerdung Jesu hat Gottes Geist jeden Menschen berührt. Und in Jesu Tod wird dieser Geist auf alle ausgegossen. Nur wer sich von diesem Geist her versteht, lebt richtig, lebt eigentlich. Das Leben ohne Geist ist Tod, es reduziert den Menschen auf das Sichtbare. Unser innerster Seinsgrund ist Gottes Geist selber. Wir leben nicht nur aus uns selbst, nicht nur aus dem eigenen Geist oder Ungeist, sondern aus dem Geist Gottes, der in uns ist als eine göttliche Quelle, die nie versiegt.
Nikodemus ahnt nun offensichtlich etwas vom Geheimnis der Wiedergeburt und eines Lebens aus dem Geist. Aber nun möchte er wissen, wie das denn geschehen könne. Jesus antwortet mit einem

Vorwurf: „Du bist der Lehrer Israels und verstehst das nicht?“ Nikodemus weiß offensichtlich viel von der Bibel, er kennt sich theologisch aus, aber er versteht das Eigentliche nicht. Er hat eine Theologie des Wissens, eine Theologie, die nur vom Irdischen weiß, aber nicht vom Himmlischen. So führt ihn Jesus langsam zum Geheimnis seiner Existenz. Er ist aus dem Himmel zu den Menschen herabgestiegen, um sie in die Wahrheit Gottes einzuführen. Jesus redet zu Nikodemus von himmlischen Dingen. Er führt ihn von seiner anfänglichen Neugier zum wahren Wissen, zur Offenbarung der Wahrheit, die man nicht mehr neugierig erforschen kann, der man vielmehr mit ganzem Herzen zustimmen, der man sich mit seiner ganzen Existenz ergeben muß, um das wahre Leben zu erlangen.

In diesem Gespräch wird etwas vom Geschehen der geistlichen Begleitung sichtbar. Auch da geht es darum, den Menschen von seinen vordergründigen Wünschen weiterzuführen zu dem Gott, der eine neue Existenz schenkt, dem man sich aber auch rückhaltlos ergeben muß, um wirklich wiedergeboren zu werden, um sich nicht mehr von der Welt, vom Fleisch her zu definieren, sondern von Gott her. Es geht in der geistlichen Begleitung nicht nur um Hilfe bei den alltäglichen Problemen, sondern letztlich um die Hinführung zur Existenz aus dem Geist. Es geht um das Übersteigen der weltlichen Existenz zur himmlischen Existenz, von der Seinsweise kata sarka zum Leben kata pneuma. Christliches Leben ist nicht einfach eine Verbesserung unseres bisherigen Lebens, sondern ein Austausch des Grundes, aus dem wir leben. Und Seelsorge heißt, daß wir den Menschen in diesen neuen Grund hineinführen, in das Leben aus dem Geist. Viele, die in der Nacht ihres Lebens zu uns kommen, wehren sich wie Nikodemus gegen die Wiedergeburt. Sie wollen die Alten bleiben und suchen nur unsere Hilfe, daß sie in ihrer Existenz besser zurechtkommen. Sie wollen Ratschläge, wie sie ihre Probleme bewältigen können. Wir dürfen diese Ebene des alltäglichen Lebens mit seinen ganz konkreten Problemen nicht überspringen. Aber das eigentliche Ziel geistlicher Begleitung ist Hinführung zur Existenz aus Christus, zur Wiedergeburt aus dem Geist. Manche Probleme lassen sich nicht lösen. Viele verfallen dann ins Jammern, daß alles so schlimm sei. Das Jammern kann zwar auch einmal entlasten, aber auf Dauer ist es Energieverschwendung. Die unlösbaren Probleme wären dann gerade eine Herausforderung, aus einem andern Grund zu leben, aus dem Geist zu leben, der uns auf eine andere Ebene hebt, zu der die Probleme keinen Zutritt haben. Wenn wir aus dem Geist leben, wiedergeboren in der Taufe, dann sind wir der Welt gestorben, dann hat sie keine Macht mehr über uns. Dann definieren wir uns nicht mehr von weltlichen Dingen wie Erfolg und Mißerfolg, Zuwendung und Anerkennung, sondern wir definieren uns von Gott her. Das ist die wahre Freiheit, zu der uns Christus führen möchte. Und Seelsorge ist nur dann im Sinne Jesu, wenn wir den Menschen in diese Freiheit des Christenmenschen führen, zu einem Leben, das der Welt gestorben ist und das dadurch dem Herrschaftsbereich der Welt entzogen ist, das frei ist, weil es in den Bereich Gottes emporgehoben worden ist, weil es aus dem Geist lebt, der frei macht und lebendig.

b. Über unsere Sehnsucht sprechen (Joh 4,1–26)

Das Gespräch Jesu mit der Frau am Jakobsbrunnen widerspricht allen Regeln moderner Gesprächstechnik. Auf den ersten Blick scheinen die beiden aneinander vorbeizureden. Jesus bittet die Frau um Wasser. Er eröffnet das Gespräch mit einer Bitte. Er selber ist bedürftig. Und als die Frau sich wundert, daß er als Jude sie als Samariterin um Wasser bittet, da führt er das Gespräch auf eine andere Ebene. Jetzt spricht er auf einmal von dem lebendigem Wasser, das er ihr geben kann. Und auf ihren Einwand hin erklärt er das Geheimnis seines Wassers: „Wer von diesem Wasser trinkt, wird wieder Durst bekommen; wer aber von dem Wasser trinkt, das ich ihm geben werde, wird niemals mehr Durst haben; vielmehr wird das Wasser, das ich ihm gebe, in ihm zur sprudelnden Quelle werden, deren Wasser ewiges Leben schenkt" (4,13). Er spricht von dem Wasser, das den tiefsten Durst des Menschen zu stillen vermag. Der Mensch dürstet nicht nur nach Wasser, sondern darin letztlich nach Leben. Jesus und die Samariterin sprechen so miteinander, daß sie auf einmal das eigentliche Geheimnis des Lebens berühren. Sie sprechen so über irdische Dinge, daß die himmlischen Dinge auf einmal offenbar werden. Das Irdische wird zum Bild für Gott. Der Durst nach Wasser wird zum Bild für den Durst nach Leben, nach ewigem Leben, das nicht mehr aufhört und nicht zerstört werden kann.

Recht unvermittelt fragt Jesus die Frau nach ihrem Mann. Auf ihre Antwort hin, daß sie keinen Mann habe, sagt er: „Du hast richtig gesagt: Ich habe keinen Mann. Denn fünf Männer hast du gehabt, und der, den du jetzt hast, ist nicht dein Mann. Damit hast du die Wahrheit gesagt" (4,17f). Jesus moralisiert hier nicht. Er hält der Frau nicht vor, daß sie sechs Männer hat. Er fordert sie nicht auf, erst ihre Ehe in Ordnung zu bringen, bevor er mit ihr über das Geheimnis des Himmelreiches sprechen kann. Er nimmt vielmehr ihre Situation, wie sie ist, ohne sie zu beschönigen. Aber er spricht über die Situation so, daß die Frau den tiefsten Sinn ihres Sehnens und Suchens versteht. Jesus spricht hier die Sehnsucht nach Liebe und Geborgenheit an. Aber offensichtlich hat keiner der sechs Männer die Sehnsucht der Frau erfüllen können. Und so kommt Jesus auf die wahre Erfüllung unserer Sehnsucht nach Zuwendung und Liebe, nach Geborgenheit und Heimat, zu sprechen. Er spricht von der Anbetung im Geist und in der Wahrheit. „Gott ist Geist, und alle, die ihn anbeten, müssen im Geist und in der Wahrheit anbeten" (4,24). Erst wo wir vor Gott niederfallen als unserem Schöpfer, da kommt unsere Sehnsucht nach Liebe zur Erfüllung. Erst da spüren wir, daß wir ganz und gar von Gott geliebt sind. Vor Gott können wir uns selbst vergessen, weil seine Gegenwart unser

Herz ganz und gar erfüllt. Unser Geist ist voll von ihm. Und wir erkennen die Wahrheit, wir schauen durch den Schleier, der auf unserem Leben liegt, hindurch auf das eigentliche Geheimnis dieser Welt, auf Gott. Was wir in der Beziehung zum Ehepartner ersehnen, daß wir uns fallen lassen und uns vergessen können, daß wir präsent sind, geborgen, das wird uns kein Partner ganz erfüllen, das wird erst in der Anbetung wirklich und möglich.

Jesus führt den Durst der Frau nach Wasser weiter zum Durst nach ewigem Leben und die Sehnsucht nach einem Mann weiter zur Sehnsucht nach Gott. Jetzt, da die Frau in Berührung gekommen ist mit ihrem eigentlichen Durst und ihrer eigentlichen Sehnsucht, da spricht sie nun selbst vom Messias, da lenkt sie nun selbst das Thema auf den Glauben. Zuvor hat sie nur über ihr Leben und über die politische und religiöse Situation ihres Volkes gesprochen. Jetzt drückt sie ihre Sehnsucht nach dem Messias aus: „Wenn er kommt, wird er uns alles verkünden" (4,25). Und jetzt gibt sich Jesus zu erkennen: „Ich bin es, ich, der mit dir spricht" (4,26). Jesus überrollt die Frau nicht gleich mit religiösen Sprüchen, sondern er läßt sich auf sie ein, auf ihren Durst, auf ihre Sehnsucht, und er spricht so mit ihr, daß sie von selbst zu ihrer Sehnsucht nach dem Messias vorstößt. Die beiden sprechen nicht sofort von Gott, sondern sie sprechen so miteinander, daß Gott immer anwesend ist und daß er am Ende des Gespräches die eigentliche Wirklichkeit ist. Da ist auf einmal alles klar. Da erkennt die Frau, daß sie im Grunde ihres Herzens immer nach diesem Gott gesucht hat. Und jetzt im Gespräch, da hat sie ihn gefunden.

Das Gespräch Jesu mit der Samariterin könnte für uns ein Bild sein für unser Sprechen in der Seelsorge. Wir bleiben im Gespräch oft bei den Dingen stehen. Wir reden über die Probleme und Ängste, aber wir stoßen nicht zur Wahrheit vor, nicht zur eigentlichen Sehnsucht. Jesus und die Samariterin sprechen so miteinander, daß sie sich einander immer näher kommen, daß ihre Herzen sich berühren und daß sie zugleich an Gott rühren, an das Ziel allen

Sprechens und allen Sehnens. Das Geheimnis jedes Wortes ist, daß es Gott mit aussagt. Das Geheimnis jedes Gesprächs ist, daß es auf Gott stößt und in Gott zu seinem Ziel kommt. Wir kreisen im Gespräch zumeist um uns und um andere, aber wir kommen nicht an ein Ziel. So miteinander sprechen, daß wir dabei in Berührung kommen mit dem eigenen Herzen und mit dem Herzen des Gesprächspartners und daß wir zugleich Gott erspüren, dazu will uns das Gespräch Jesu mit der Samariterin einladen. Dabei ist das Gespräch Jesu mit der Frau kein moralischer Appell, genau so zu sprechen, sondern es will uns anspornen, neue Möglichkeiten des Miteinandersprechens auszuprobieren, so miteinander zu sprechen, daß eine Quelle in uns sprudelt, daß wir an die tiefsten Sehnsüchte unseres Herzens rühren und Gott selber erahnen als den, der unsere Sehnsucht allein zu erfüllen vermag.
Das Gespräch will uns aber nicht nur Regeln für unser Miteinander-Sprechen angeben, sondern auch dafür, wie wir von Gott sprechen sollen. Sich hinter der Autorität der Kirche oder der Bibel zu verstecken, hilft nicht weiter. Auch mit Gott zu drohen, ist kein Stil des seelsorglichen Gesprächs. Manch einer versucht mit Gott ein schlechtes Gewissen im anderen Menschen hervorzurufen. Wenn er schon kein Interesse an Gott zu wecken vermag, dann möchte er wenigstens an das schlechte Gewissen rühren, das in einem jeden steckt, um so Macht über den Mitmenschen auszuüben. Wenn er schon nichts erreicht mit seiner Verkündigung, dann wenigstens ein schlechtes Gewissen. Das ist für manch einen Seelsorger die einzige Möglichkeit, noch Wirkung zu erzielen. Aber es ist nicht die Wirkung, die Jesus im seelsorglichen Gespräch intendiert. Jesus spricht so von irdischen Dingen, daß Gott darin erfahrbar wird. Er spricht nicht sofort von Gott, sondern er knüpft an die Erfahrungen der Menschen an. Er läßt sich auf ihren Durst und ihre Sehnsucht, auf ihre Not und auf ihre Sorgen ein, um sie allmählich weiterzuführen zu Gott. Gott ist keine billige Antwort auf den Durst der Frau. Das Gespräch führt vielmehr zu dem Punkt, da die Frau von

sich aus auf Gott zu sprechen kommt. Das wäre die Kunst des seelsorglichen Gesprächs, so vom Menschen und mit dem Menschen zu reden, daß er auf einmal Gott erkennt als das eigentliche Ziel seines Lebens.

Als ich mit Jugendlichen das Gespräch Jesu mit der Samariterin erarbeitete, gab ich ihnen zur Aufgabe, ihre Sehnsüchte zu Ende zu denken: „Wonach sehnst Du Dich im letzten, wenn Du Dich nach Leben, nach Liebe, nach Geborgenheit, nach Verständnis, nach Angenommenwerden, nach Zärtlichkeit, nach Nähe und Intimität sehnst? Wenn Du Deine Beziehungen anschaust, wonach sehnst Du Dich wirklich, wenn Du sie zu Ende denkst?" Und wir haben dann in einer Übung unserer Sehnsucht nachgespürt. Wir sind blind durch den Raum gegangen mit nach vorne geöffneten Händen. Jedesmal, wenn wir auf einen andern gestoßen sind, haben wir mit geschlossenen Augen seine Hände berührt und sein Gesicht gestreichelt. Und wir haben uns gefragt: Was berühre ich da eigentlich? Ist es nur Haut, ist es nur ein Mensch oder berühre ich da letztlich nicht auch ein Geheimnis, das den andern übersteigt? Wir haben versucht, die Berührung zu Ende zu spüren, in das Geheimnis vorzudringen, das wir erahnen, zu Gott selbst als dem letzten Ziel unserer Sehnsucht. Viele Probleme, die Menschen in der seelsorglichen Beratung vorbringen, sind Beziehungsprobleme. Ich schaue dann mit dem Gesprächspartner die Beziehungen an, versuche die Probleme zu analysieren. Oft hängen sie mit dem Verhältnis Nähe und Distanz zusammen, oft mit Mißverständnissen, oft mit Projektionen, mit Erfahrungen der Kindheit, die in der Beziehung hochkommen. Aber dann frage ich weiter, wonach er sich denn eigentlich sehne in seiner Beziehung, ob die Beziehung nicht noch für etwas anderes stehe, ob da nicht ein Transzendenzpotential bleibt, das nur durch Gott eingelöst werden kann. Das Zu-Ende-Denken der Beziehung und der Sehnsucht in der Beziehung hilft, von der Fixierung auf den andern zu lassen und die Beziehung als Herausforderung zu sehen, in Gott den tiefsten Grund meines Lebens zu suchen. Je mehr wir um die Beziehungsprobleme kreisen, desto weniger erkennen wir, wie wir damit umgehen sollen. Erst wenn wir uns von der Fixierung befreien und nach unserer tiefsten Sehnsucht fragen, finden wir Wege, wie wir miteinander weiterkommen.

5. Der verwundete Arzt (Joh 19,31–37)

Das Johannesevangelium gipfelt in der Szene, da Jesu Seite von der Lanze des Soldaten durchbohrt wird und Blut und Wasser aus seinem Herzen strömen. Johannes sieht das Wirken Jesu so, daß während seines Lebens nur die Menschen an seinem Geist und seiner Herrlichkeit Anteil erhalten, die ihn sehen und mit ihm sprechen. Im Tod wird das Wirken Jesu entgrenzt, da wird sein Geist auf alle ausgegossen. Wer diesen Geist empfängt, aus dessen Innerem „werden Ströme von lebendigem Wasser fließen. Damit meinte er den Geist, den alle empfangen sollten, die an ihn glauben; denn der Geist war noch nicht gegeben, weil Jesus noch nicht verherrlicht war" (Joh 7,38f). Im Tod wird der Geist auf alle ausgegossen, die an Jesus Christus als an den Messias glauben.
Auch die beiden Gespräche, die wir oben betrachtet haben, zielen auf den Zeitpunkt, da Jesu Seite durchbohrt wird. So weist Jesus Nikodemus hin auf das Bild der Schlange, das Mose in der Wüste erhöht hat: „So muß der Menschensohn erhöht werden, damit jeder, der an ihn glaubt, in ihm das ewige Leben hat" (Joh 3,14f). Die erhöhte Schlange war Zeichen für die tödlichen Wunden, die giftige Schlangen den Israeliten in der Wüste zugefügt haben. Indem man sie anschaut, kann der tödliche Biß der Schlange nicht schaden. In Jesus am Kreuz ist unsere Wunde erhöht worden. Der Tod wird öffentlich ausgestellt und so wirkungslos. Und das durch-

bohrte Herz, die tödliche Wunde, wird zum Bild, das unsere Wunden heilt, wenn wir meditierend uns dahinein vertiefen. Beim Gespräch mit der Samariterin heißt es: „Es war um die sechste Stunde" (Joh 4,6). Es ist die Stunde, da seine Seite durchbohrt wird. Da öffnet sich für die Samariterin die Quelle, aus der lebendiges Wasser hervorsprudelt, Wasser, das dann auch in ihr zur sprudelnden Quelle werden kann. Und in diesem Augenblick des Lanzenstichs zeigt sich Jesus als der siebte Mann, der die Sehnsucht der Frau nach Liebe und Zuwendung, nach Intimität und Geborgenheit erfüllt, der siebte Mann, der ein Herz hat, das sich verwunden läßt, der Menschen bei sich eintreten und sie daher in ihrer Liebe an ein Ziel kommt läßt.

Jesus ist nach Johannes gerade als der Verwundete die Quelle des Lebens für uns Menschen geworden. Darin zeigt sich ein wichtiges Bild für unsere Seelsorge. Auch wir werden nur dann zur Quelle des Lebens für andere werden, durch uns wird der Geist Jesu nur dann auf andere ausströmen, wenn wir uns wie Jesus verwunden lassen. Der verwundete Arzt war für die Griechen ein wichtiges Bild. Nur der verwundete Arzt, so meinen sie, kann heilen. Nur der, der sich den eigenen Wunden stellt, ist auch fähig, die Wunden anderer zu verstehen und zu heilen. Nicht durch unser Wissen helfen wir den Ratsuchenden, sondern indem wir sie in die eigene Wunde eintreten lassen wie Jesus, von dem Urs von Balthasar sagt: „Die Öffnung des Herzens ist Hergabe des Innersten und Persönlichsten zu öffentlichem Gebrauch; der offene, entleerte Raum ist für alle betretbar" (MySal, 3,2, 218). Aber unser verwundetes Herz allein vermag die verletzten und wundgeschlagenen Menschen nicht zu heilen. Es kann nur der Ort sein, wo der Geist Jesu Christi, des Gekreuzigten, die verwundeten Menschen erreicht. Es ist der Berührungspunkt von Gott und Mensch, von unserer Wunde mit der Wunde Jesu Christi, die allein die wahre Quelle des Lebens geworden ist.

Rolf Zerfaß hat vom Seelsorger als vom verwundeten Arzt geschrieben und dabei die Gedanken Henri Nouwens weitergeführt. Zerfaß meint, die erste Bedingung, ein verwundeter Arzt zu werden, ist, die eigenen Wunden anzuschauen und ernstzunehmen: „Das Anschauen der eigenen Verletzungen, die Konfrontation mit den eigenen Grenzen ist eine unersetzbare Voraussetzung für den seelsorglichen Dienst" (Zerfaß, 101). Für die frühen Mönche war die Selbsterkenntnis für den geistlichen Vater unabdingbar. Ohne Selbsterkenntnis kann keiner den andern weiter führen. Selbsterkenntnis aber heißt, sich anschauen mit seinem Schatten, mit seinen Wunden, mit den empfindlichen Stellen, an denen ich mich selber nicht annehmen kann, mit den Verletzungen, die andere mir zugefügt haben, mit dem Groll und der Bitterkeit, die sich in mir festgesetzt hat. Erst wenn ich ehrlich genug meine Wunden anschaue, kann ich den andern verstehen. Vor allem aber macht die ehrliche Selbsterkenntnis barmherzig. Dann verurteilt man andere nicht, sondern versteht sie im Tiefsten. So heißt es in einem Väterspruch:

„Ein Altvater wurde einmal von einem Bruder gefragt: ‚Warum urteile ich eigentlich so häufig über meine Brüder?' Und er antwortete ihm: ‚Weil du dich noch nicht selbst kennst. Denn wer sich selber kennt, der sieht die Fehler der Brüder nicht'" (Apophthegma, 1011)

Wenn ich mich den eigenen Wunden stelle, kann ich auch ohne Angst die Wunden anderer anschauen. Ich brauche sie dann nicht mit frommen Worten zuzudecken, sondern ich kann sie aushalten, kann auch den Schmerz des andern zulassen und mitempfinden. Den eigenen Schmerz wahrnehmen, heißt, ihn bis an die Wurzel verfolgen, in die eigene Tiefe hinabsteigen, um dort meiner Urwunde zu begegnen. „Wenn ich den Mut habe, bei mir selbst in diese Tiefe hinabzusteigen, kann ich auch meinen Mitmenschen helfen, sich dieser Tiefe zu stellen und von unten her, von Grund auf, nach neuen Wegen zu suchen, mit der eigenen Not umzugehen" (Zerfaß, 103). Nur wenn wir tief genug in den Grund unserer Seele hinabsteigen, werden wir zu der Quelle in uns vorstoßen, die nie versiegt, zur Quelle des Heiligen Geistes, der allein unsere Wunden zu heilen vermag.

Wunden dürfen nicht vorschnell geheilt werden. Ich muß mich erst einmal mit den eigenen Wunden aussöhnen. Auch meine Wunden werden sich nicht einfach auflösen. Ich werde sie immer wieder spüren. Immer wieder werde ich an meinen empfindlichen Stellen getroffen. Wenn ich mich dagegen wehre oder mir einen Panzer anlege, um sie nicht mehr zu spüren und nicht mehr getroffen zu werden, dann werde ich selbst an Lebendigkeit einbüßen. Lebendig bleibe ich nur, wenn ich meine Wunden annehme und mich damit aussöhne. Dann kann die Wunde für mich das Erinnerungsmal sein, daß Gott mich berührt hat, so wie er Jakob in seinem nächtlichen Kampf an der Hüfte berührt hat, so daß er zeit seines Lebens hinkte (Gen 32,23–33). Jakob ist gerade als der Verwundete zum Stammvater des Volkes Israel geworden. Als der Schlaue, der sich durchs Leben erfolgreich kämpft, ist er in eine Sackgasse geraten. Er hätte seinem Bruder Esau, er hätte seinem Schatten ohne die nächtliche Begegnung mit Gott und ohne sein Verwundetwerden nicht gegenübertreten können. Erst jetzt kann er in Esau seinen eigenen Schatten umarmen und sich damit aussöhnen.

Unsere Wunden führen uns an den Punkt der eigenen Ohnmacht. Sie zeigen uns, daß wir etwas in uns haben, wo wir uns nicht wehren können. Dieser Punkt der Ohnmacht könnte für uns selber das Einfallstor für Gottes Gnade werden, der Ort, wo Gott uns berührt, wo wir nichts dagegen halten, sondern uns von Gott wirklich treffen lassen. In unserer Wunde werden wir mit dem letzten Geheimnis unseres Menschseins konfrontiert. Denn Menschsein heißt nicht, daß wir uns selbst in Griff bekommen und daß wir Gott durch unser geistliches Streben näher kommen, bis wir ihn besitzen, sondern daß wir uns Gott ergeben, daß wir uns von ihm treffen und verwunden lassen. Gott begegnen heißt immer auch verwundet werden. Das haben die Mystiker gewußt, die von ihrer Liebeswunde sprechen. Das haben die Israeliten damit ausgedrückt, daß keiner Gott begegnen kann, ohne zu sterben. Gott begegnen können wir nicht, ohne im Tiefsten erschüttert und verwundet zu werden. So können wir zu geistlichen Begleitern nicht werden, ohne uns im Grunde unseres Herzens von Gott verwunden zu lassen. Im letzten werden wir nicht so sehr von Menschen verwundet, von Freunden, die uns enttäuschen, von Feinden, die unsere schwachen Stellen ausspionieren, um Macht über uns zu bekommen. Die tiefste Wunde ist vielmehr die Wunde, die Gott uns schlägt. Und diese Wunde dürfen wir nicht vorschnell zudecken. Wir müssen unseren Lebenswunden vielmehr auf den Grund gehen, um an diese letzte Wunde zu rühren, die wesentlich zu unserem Menschsein gehört und die der Berührungspunkt Gottes selber ist.

Der verwundete Arzt als letztes und tiefstes Bild von Seelsorge heißt, daß wir schwach sein dürfen und unsere Schwäche voreinander nicht verbergen müssen. Nur wo in der Seelsorge eine Atmosphäre entsteht, in der Schwächen sein dürfen, kann auch wirklich Heilung geschehen. Die Schwächen, die wir und die andere Person verstecken, fehlen uns an der eigenen Lebendigkeit. Werden sie zugegeben, können sie „zu Chancen eines neuen Wachstums und zu Türen werden, die neue Perspektiven auftun" (Zerfaß, 105). Das Bild befreit uns von dem Druck, immer stark, immer in Form sein zu müssen. Wir dürfen sein, wie wir sind. Unsere Wunden verstekken zu müssen, kostet viel Energie. Dann werden wir nach seelsorglichen Gesprächen müde und erschöpft sein. Wenn wir aber sein dürfen, wie wir sind, schwach und hilflos, verwundet und verwirrt, dann fühlen wir uns nicht ausgelaugt. Das Gespräch wird dann zu einer Begegnung, die uns auch gut tut und uns aufrichtet. Wenn wir keine Rolle spielen müssen, sondern nur da sind, dann ist es nie anstrengend, sondern immer auch ein Geschenk für uns. Wir dürfen dann immer wieder dankbar erfahren, daß nicht wir es sind, die den Menschen helfen und sie heilen, sondern daß Gott es ist, der gerade durch unser verwundetes Herz hindurch seinen heilenden

und befreienden Geist auf die Menschen ausgießt und sie tröstet und aufrichtet durch unsere Schwachheit hindurch.
Manche Menschen kommen zu mir zum Gespräch, weil sie meine Bücher gelesen haben. Sie kommen dann mit hohen Erwartungen. Wenn ich diesen Erwartungen entsprechen will, ist es für mich sehr anstrengend und manchmal habe ich dann Widerwillen gegen Gespräche. Oft genug sind die Menschen dann auch enttäuscht von mir, weil ich eben auch nur recht durchschnittlich bin. Wenn ich aber in das Gespräch nur mit der Haltung gehe: ich muß jetzt gar nichts tun, nur dasein, dann ist es für mich nicht anstrengend. Dann kann auf einmal wirkliche Begegnung stattfinden. Ich muß dann nicht irgendwelche Erwartungen nach einem erfahrenen Seelsorger erfüllen, sondern ich darf genauso ratlos und hilflos sein wie der Gesprächspartner. In unseren Wunden, die wir nicht voreinander verbergen, können wir uns wirklich begegnen. Und in der Begegnung kann Gott selbst dann wirken. Wir helfen dem anderen nicht da, wo wir stark sind und gute Ratschläge geben, weil wir psychologisches Wissen und Erfahrung haben. Letztlich helfen wir nur da, wo wir den andern eintreten lassen in die eigene Wunde, damit er dort gemeinsam mit uns die heilende Kraft Jesu Christi erfährt, der seinen heiligen und heilenden Geist gerade aus seiner Wunde heraus auf uns ausgegossen hat.

III. BILDER VOM REICHTUM MENSCHLICHER BEGEGNUNG

Wir haben viele biblische Bilder für Seelsorge betrachtet. Unmöglich können wir immer alle Bilder vor Augen haben, wenn wir Eucharistie feiern, wenn wir ein Gespräch führen, Vorträge halten oder Gruppenarbeit machen. Die biblischen Bilder sollen uns auch nicht davon abhalten, uns gut in den Methoden der Gesprächsführung, der geistlichen Begleitung und im Umgang mit Kranken ausbilden zu lassen und gediegene theologische und psychologische Kenntnisse zu erwerben. Sie wollen uns nur auf Möglichkeiten des Umgangs aufmerksam machen, die in uns allen angelegt, aber oft genug verschüttet sind. Bilder wollen uns nicht überfordern. Sie wollen uns vielmehr auf den Reichtum menschlicher Begegnung hinweisen und uns neue Möglichkeiten seelsorglichen Tuns erschließen.

Die Bilder können nicht erlernt werden, wir müssen sie immer wieder neu meditieren und uns in sie hineinversenken. Dann werden sie sich uns einbilden und so die Voraussetzungen unseres Handelns verändern. Letztlich ist es immer das Bild Jesu Christi, das sich in den verschiedenen Bildern von Seelsorge ausdrückt und sich in uns eindrücken möchte. Wenn wir uns Tag für Tag in dieses Bild Christi hineinmeditieren, werden wir seinem Bild ähnlich. Es wird in uns nach und nach die Möglichkeiten unserer menschlichen Existenz wachrufen und uns immer mehr zu einem erfüllten Menschsein führen. C. G. Jung nennt Christus einen Archetyp des Selbst. Ein Archetyp ist nie nur ein Bild zum Betrachten, sondern spricht die in jedem Menschen liegenden Bilder an und setzt in uns einen Prozeß in Gang. Christus als Archetyp des Selbst führt uns immer weiter auf dem Weg der Selbstwerdung. Was in uns an Möglichkeiten und Fähigkeiten liegt, können wir nicht in reiner Selbstanalyse entdecken, dazu brauchen wir die Bilder des Selbst. Christus als das tiefste Bild des Selbst bringt uns in Berührung mit den eigenen Möglichkeiten und mit unserem innersten Kern. Durch ihn kommen wir zu unserem Selbst, entdecken wir das Geheimnis unseres einmaligen Wesens, unserer Individualität.

Seelsorge setzt zuerst voraus, daß wir mit der eigenen Seele vertraut werden und sie entdecken. Das geschieht durch die Meditation der biblischen Bilder, die uns in die eigene Wahrheit führen. In der Meditation der biblischen Bilder stoßen wir auf den eigenen Schatten, auf das Verdrängte, aber auch auf unsere Möglichkeiten und auf die Würde und das Geheimnis unseres Lebens. Seelsorge verlangt, daß wir mit der eigenen Seele in Berührung kommen, daß wir uns immer wieder aus der Aktivität herausholen, um in der eigenen Seele das Bild Gottes zu entdecken und auf dem Grund der Seele Gott zu finden. Nur dann können wir auch andere Menschen zu ihrer Seele, zu ihrer wahren Gestalt führen und sie auf ihrem Weg der Selbstwerdung und der Einswerdung mit Gott begleiten.

Die hier beschriebenen Bilder sind eine subjektive Auswahl. Es hätten sicher noch viele andere angeführt werden können, die Wesentliches über Seelsorge aussagen würden. Ich habe Bilder ausgesucht, die mir im Laufe meiner seelsorgerischen Tätigkeit wichtig geworden sind und die mir neue Perspektiven eröffnet haben. Ich hoffe, daß diese Bilder auch im Leser und in der Leserin die eigenen Möglichkeiten von Seelsorge wachrufen. An Bilder kann man nicht immer denken, vor allem nicht an so viele gleichzeitig. Es genügt schon, wenn solche Bilder sich ins Unbewußte eingebildet haben und dort unser Tun mitprägen. Wir werden anders in die Begegnung mit Menschen gehen und im Gespräch uns bewußter in das Geheimnis des anderen einfühlen. Wenn wir dann ab und zu uns bewußt diese Bilder vor Augen halten, wird unsere Seelsorge nach und nach etwas von der befreienden und heilenden Wirkung Jesu ausstrahlen können. Es gibt keinen Trick, die Ausstrahlung Jesu nachahmen zu können. Es geht nicht um Nachahmen, sondern darum, daß das Bild Jesu sich immer tiefer in uns eingräbt, damit von innen heraus sein Geist durch uns hindurch die Menschen erreicht, denen wir Tag für Tag begegnen. Nur wenn Jesu Geist durch uns hindurchströmt, wird in den Menschen um uns herum eine Quelle aufsprudeln können, die nie versiegt, die Quelle des göttlichen Geistes. Nur dann wird die Verheißung Jesu an ihnen erfüllt: „Wer Durst hat, komme zu mir, und es trinke, wer an mich glaubt. Wie die Schrift sagt: Aus seinem Inneren werden Ströme von lebendigem Wasser fließen" (Joh 7,37f).

LITERATUR

Apophthegmata, in: B. Miller, Weisung der Väter, Freiburg 1965.

Augustinus, De catechizandis rudibus, 15, zit. in: Zerfaß, aaO. 147.

H.U.v. Balthasar, Mysterium Paschale, in: MySal 3,2, hg. von J. Feiner und M. Löhrer, Einsiedeln 1969.

Beck/Rush/Shaw/Emery, Kognitive Therapie der Depression, München 1986.

E. Drewermann, Bilder von Erlösung, Olten 1988.

Evagrius Ponticus, Praktikos. Über das Gebet, übers. von J.E. Bamberger, Münsterschwarzach 1986.

A. Grün, Glauben als Umdeuten, Münsterschwarzach 1986.

T. Goritschewa, Von Gott zu reden ist gefährlich, Freiburg 1984.

E. Kästner, Die Stundentrommel vom Heiligen Berg Athos, Wiesbaden 1956.

P. Lengsfeld, Symbol und Wirklichkeit, in: W. Heinen, Bild – Wort – Symbol in der Theologie, Würzburg 1969.

H. Nouwen, Der dreifache Weg, Freiburg 1984.

Poimen, in: Sprüche der Väter, hg. v. P. Bonifatius, Graz 1963.

M. Rosenberger, Der weite Weg der Hoffnung. Zu einer augustinischen Fundamentaltheologie der Sehnsucht und Hoffnung, Manuskript, Rom 1989.

J.A. Sanford, Alles Leben ist innerlich, Olten 1974.

R. Zerfaß, Menschliche Seelsorge, Freiburg ^{3}1986.